上海对外经贸大学金融著作丛书
本书得到上海对外经贸大学出版基金资助

风险投资对我国创业板上市企业定价效率的影响研究

宋贺　著

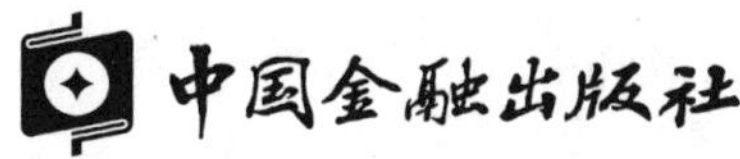

责任编辑：黄　羽
责任校对：李俊英
责任印制：丁淮宾

图书在版编目（CIP）数据

风险投资对我国创业板上市企业定价效率的影响研究/宋贺著.
—北京：中国金融出版社，2020.10
（上海对外经贸大学金融著作丛书）
ISBN 978-7-5220-0792-2

Ⅰ.①风…　Ⅱ.①宋…　Ⅲ.①风险投资—影响—上市—公司—企业定价—研究—中国　Ⅳ.①F279.246

中国版本图书馆 CIP 数据核字（2020）第 172937 号

风险投资对我国创业板上市企业定价效率的影响研究
FENGXIAN TOUZI DUI WOGUO CHUANGYEBAN SHANGSHI QIYE
DINGJIA XIAOLÜ DE YINGXIANG YANJIU

出版发行　中国金融出版社
社址　北京市丰台区益泽路 2 号
市场开发部　(010)66024766，63805472，63439533（传真）
网上书店　http://www.chinafph.com
　　　　　(010)66024766，63372837（传真）
读者服务部　(010)66070833，62568380
邮编　100071
经销　新华书店
印刷　北京市松源印刷有限公司
尺寸　169 毫米×239 毫米
印张　14.5
字数　175 千
版次　2020 年 10 月第 1 版
印次　2020 年 10 月第 1 次印刷
定价　46.00 元
ISBN 978-7-5220-0792-2
如出现印装错误本社负责调换　联系电话（010)63263947

上海对外经贸大学金融著作丛书
编委会

编委会主任： 徐永林

编　　　委（按姓氏笔画为序）：

曲延英　应尚军　张铁铸

陈　坚　凌　婕

总　序

时光飞逝，与中国金融出版社的合作已经5年，跨越了整个“十三五”规划，创新、协调、绿色、开放、共享的发展理念已经深度融入了经济社会发展及过去这5年我们合作出版的“上海对外经贸大学金融著作丛书”中。这些金融著作从金融本质、货币政策、宏观及微观金融治理等方面开展针对性研究，对国家及地方的金融管理决策提供了重要参考。在此，向为丛书出版作出贡献的金融学者和工作人员表示诚挚的谢意！

金融发展的重要性，怎么强调都不过分。金融是资源配置的先导，现代市场经济之间的竞争，在很大程度上就是金融的竞争。因此，过去20多年来，上海对外经贸大学一直将金融学列为重点发展的学科。这不仅体现了学校的战略眼光，更体现了时代发展的要求。

上海对外经贸大学作为我国对外经贸人才培养的摇篮，始终秉持“诚信、宽容、博学、务实”的校训精神，把改革作为学校发展的强大动力，在人才培养、科学研究、社会服务和文化传承创新等方面不断取得新的突破；始终坚持“以学生为本、以学术为魂”的办学理念，坚持将学科建设聚焦国际前沿，并对接社会需求，以贡献求支持，以服务促发展。学校将全国教育大会和上海市教育大会精神贯穿于学校改革发展的各项工作中，深化教育综合改革，认真谋划和扎实推动解决学校发展过程中面临的战略性、基础性和关键性问题。学校将以“十四五”规划为契机，全面落实党的教育方针，切实担负起立德树人的根本使命，坚定不移地推动学校建设成为高水平、国际化、特色鲜明的应用研究型大学。

近年来，学校紧密围绕国家和上海的迫切需求，主动对接习近平总书记交给上海的新“三大任务”和上海“五个中心”建设，着力破除制约学校发展目标实现的思想障碍和制度藩篱，形成多方参与、多元投入并与社会有机互动的办学机制，逐步构建院校互为驱动、学术权力与行政权力相互支撑、充满活力的大学内部治理结构。其中一个重要的目标就是建立学术研究与决策咨询研究双轨并行、教学与科研协同发展的体制机制，为学科建设和学术研究夯实制度基础。学校鼓励各教研部门根据所属学科专业特点与定位目标，明确科研方向，制定各具特色的科研内容与方式。学校主动适应转型发展需要，打破传统的科研与教学相互分离局面，强化教学科研均衡发展意识，建立教学、科研、社会实践深度融合的体制机制，协调制定适应转型发展要求的制度体系，引导科研价值取向更加符合学校定位目标与社会发展需要。

上海对外经贸大学金融学科发展正体现了学校的这种发展思路。金融管理学院于 1995 年建院，迄今已逾 20 年，是一所既年轻又具有一定历史沉淀的学院。近年来，学院的发展呈现出良好势头，教师对科研的投入显著提升，高水平科研成果不断涌现。目前，学院学术研究与决策咨询等多种类型的研究实现良性互动，既提升学术水平，又同步服务国家战略，成效显著。更可喜的是，在这一过程中，一大批年轻学者迅速成长起来，成为国内金融学界的翘楚。本丛书正是他们成长过程的见证。

“上海对外经贸大学金融著作丛书”既展示了我校近年来中青年金融学人的主要学术成果，也彰显了我校的金融学科优势、学术研究特色和学术研究能力。本丛书的出版对于进一步推动我校学科建设和学术研究工作无疑具有重要的意义，希望能够激励更多的金融学人竞相迸发出更加强大的学术热情和创新动力，为把我校早日建成高水平、国际化、特色鲜明的应用研究型大学贡献力量。同时，也期待更好更多的学术成果不断涌现，为金融管理学院的发展继续谱写全新的篇章。

徐永林

2020 年 10 月

前 言

风险投资（Venture Capital，VC）在帮助创业型企业成长发展、促进创新创业和经济转型中发挥着重要作用。近年来，由于风险投资在推动全球经济增长中所表现出的突出作用，越来越多的学者开始对风险投资如何影响企业的价值增值机制展开了研究。投资—管理—退出是风险投资机构投资企业的三部曲。然而，风险投资在帮扶被投资企业实现上市后，面临着一定的解禁期。现有数据和文献显示，即便在解禁期到来之后，风险投资也不会选择完全退出被投资企业。因此，研究风险投资在持股阶段对被投资企业所发挥的作用具有重要的现实意义。目前学者们主要集中于研究风险投资对被投资企业的投融资效率、研发创新、财务绩效等方面的影响，鲜有学者关注风险投资对企业定价效率的影响。

定价效率关系着资本市场资源配置的有效性，较高的定价效率能够提高企业资产在资源配置中的有效性，实现企业的价值增值。因此，本书在已有文献的基础上，按照被投企业在上市前和上市后的时间顺序，通过回答以下三个问题，来研究风险投资在持股阶段对被投资企业定价效率的影响。

第一，关于新股 IPO 的定价效率。风险投资能够发挥价值增值作用的重要原因之一是风险投资被认为具有网络关系资本，其与政府、银行、券商、同业等都具有重要关联。甚至在中国，风险投资被认为可能拥有政治资源。风险投资拥有的这些关联关系构成了其重要的社会资本。其中，风险投资与券商的关系值得重点关注。因为在风险投资支持企业实现 IPO 退出的过程中，必然会聘用承销保荐机构。在新股发行中，风险投资和券商存在长期合作关系吗？如果存在，这种长期结盟关系对新股定价效率有何影响？

第二，关于企业并购的定价效率。如果风险投资支持企业进行大规模并购，作为专业化的金融机构，风险投资对其持股企业的并购绩效将会产生何种影响呢？相比其他企业，有风险投资背景的企业在并购中是否能更好地筛选目标公司、更合理地估值定价、进而表现出更准确的并购定价？风险投资的参与度高低（持股比例、持股家数）是否会对创业板上市企业的并购绩效产生影响？声誉作为风险投资机构一项最重要的无形资产，已有文献认为不同声誉的风险投资对企业的增值服务存在显著差异，那么，不同声誉的风险投资对被投资企业并购绩效的影响是否存在差异？

第三，关于上市公司定向增发的定价效率。如果风险投资支持企业进行定向增发，作为原始股东之一，风险投资对其持股企业的定向增发折价率将会产生何种影响？相比其他企业，有风险投资背景的企业在定向增发定价过程中是否能够更好地缓解信息不对称、发挥风险投资的认证监督功能、进而表现出更低的定向增发折价？风险投资与承销商形成的关系租金会对企业定向增发产生何种影响？此外，具有不同股权性质的风险投资、声誉不同的风险投资及投资策略不同的风险投资又将会对企业定向增发折价产生何种影响？进一步讲，上述影响的作用机制又是什么?

针对以上述三个问题，本书在相关文献研究的基础上，通过理论分析与实证分析相结合的方法，对我国创业板上市企业的 IPO 事件、上市以后的并购事件和定向增发事件分别进行了研究，得出了如下结论。

第一，风险投资在被投企业 IPO 时能够提高新股的定价效率，主要是通过风险投资与券商的合作关系，提高了新股的定价准确度。本书第三部分研究了风险投资（VC）与承销券商之间是否存在合作联盟关系，以及这种合作关系是否对风险投资参股公司在 IPO 定价效率上产生影响。笔者对创业板市场上首次发行公司背后的风险投资与首发聘请的保荐机构之间的合作次数进行统计，将存在二次及以上次数合作的“VC—券商”界定为联盟关系，并将新股首日折价率分解成一级市场的“内在折价率”和二级市场的“市场反应率”。研究发现：相较于其他有风险投资持股但与券商无多次合作关系的公司以及无风险投资持股的公司，存在 VC—券商合作关系的公司的 IPO 发行价格更接近于公司的内在价值，表现为内在折价率最低；且该类公司在上市首日具有更高的市场价格，表现为市场反应率最高。造成上述现象的原因在于：风险投资与券商的多次合作能够进一步提升风险投资的认证效应和市场力量，吸引更多一级市场机构投资者和二级市场分析师的关注。上述证据表明，风险投资与券商的合作关系，有助于提高新股的准确定价，并且在二级市场上产生了投资者的过度反应。

第二，风险投资支持企业的并购绩效得到显著提升。第四部分基于我国创业板上市企业的并购事件，探讨了风险投资对企业上市后并购绩效的影响。研究表明，相比于无风险投资背景的企业，有风险投资背景的企业并购绩效更高，具体表现为并购宣告日前后企业股票的累积市场超额回报率显著更高，即市场对风险投资支持企业的并购定价更高。以持股机构家数和持股比例作为风险投资参与度指标，伴随着风险投资参与度的提高，企业的并购绩效显著上升。高声誉风险投资支持的企业并购绩效显著优于低声誉风险投资支持的企业。造成上述现象的原因在于，风险投资的认证功能可以缓解并购中的信息不对称、监督功能可以提供增值服务，通过降低并购溢价、增强并购后的内部控制有效性，风险投资在并购中发挥了降低并购成本、优化并购后的资源整合的作用，提高了并购绩效。上述证据表明，企业上市后依然可以利用风险投资机构的认证效应和监督筛选功能来解决信息不对称问题和公司治理问题。企业在选择长期战略合作伙伴时，应当优先引入那些具有良好声誉的风险投资机构或联合风险投资机构。

第三，风险投资支持企业的定向增发定价效率得到显著提升。第五部分基于我国创业板上市企业的定向增发事件，探讨了风险投资对企业定向增发折价的影响。研究表明，我国创业板上市企业定向增发存在明显的高折价现象，平均折价率高达 20.4%。风险投资能够降低企业的定向增发折价率，使发行价格更接近于市场价格。与风险投资存在联盟关系、非国有背景、高声誉或采取联合投资策略的风险投资支持企业表现出更低的定向增发折价率。风险投资对企业定向增发折价的作用机制源自：风险投资的监督效应，表现为减少定向增发前企业的盈余管理，缓解定向增发中的利益输送；风险投资的认证效应，表现为提升企业的股票信息度，缓解机构投资者和企业之间的信息不对称；风险投资的关系租金效应，表现为减少定向增发持续时间，加快定向增发的推进效率。进一步研究显示，风险投资对定向增发的监督认证效应和关系租金效应在定向增发新政实施前后未发生显著变化。

本书的研究具有一定的意义：

第一，本书将会对 IPO 定价效率理论作出贡献。尽管目前多数学者研究了风险投资对企业 IPO 定价效率的影响，却鲜有学者关注风险投资的社会关系对企业 IPO 定价效率的影响。本书基于风险投资与券商联盟的视角，研究了风险投资的社会资本对企业 IPO 定价效率的影响，揭示了风险投资导致较高折价率的内在原因，补充了目前学者有关风险投资对企业 IPO 定价效率的影响研究。

第二，本书将会对并购对企业的价值创造理论作出贡献。并购是否为企业创造价值一直是学术界关注的重点话题之一。我国学者多试图从并购方、目标方、并购双方之间的关系等角度出发来进行研究，鲜有学者关注风险投资对企业并购绩效的影响。本书以被投企业上市之后的并购绩效为研究对象，加深了学术界对并购理论的认识和了解。

第三，本书将会对定向增发定价效率理论作出新的贡献。定向增发作为我国上市企业进行股权再融资的主要渠道之一，其发行价格的确定一直备受关注。定向增发过程涉及大股东和中小股东、原始股东和新股东之间的利益分配过程。前人在研究定向增发的利益分配主体时，仅考虑了大股东、小股东和新进机构投资者三方，尚未考虑作为企业原始股东之一的风险投资机构将会如何参与定向增发过程中的利益分配。本书以创业板上市企业发起的定向增发事件作为研究对象，丰富了学术界有关定向增发定价效率理论的理解和认识。

目　录

第1章 引 言

1.1 背景及研究意义

1.1.1 选题背景

1. 风险投资在我国的发展

风险投资（Venture Capital）又被称为创业投资，主要是指通过向初创期的企业提供资金支持、取得被投资企业股权的一种融资方式。作为高新技术产业化的“助推器”与“孵化器”，它推动了美国科研成果的转化和高新技术的产业化，造就了一大批知名的高科技公司，为推动美国的科技水平上升和经济增长起到了举足轻重的作用（Kortum 和 Lerner，2000；关立和刘入领，1998）。我国的风险投资开始于20世纪80年代中期。1985年3月，中共中央发布了《关于科学技术体制改革的决定》，决定指出：“对于变化迅速，风险较大的高科技开发工作，可以设立创业投资给予支持。”这是我国第一次提出使用风险投资的方式来支持高新技术企业的发展。1985年9月，我国第一家风险投资公司——中国新科技创业投资公司由国务院正式批准设立，中国新科技创业投资公司的成立被视为风险投资在我国正式起步的标志（高新才和魏琦，2002）。

近十几年来，风险投资在我国已经得到了长足的发展。截至2018年6月30日，我国已成立的风险投资机构达53561家[①]。作为一家以盈利为目的的投资机构，风险投资通常通过被投资企业的上市、并购、回购、清算等渠道来实现退出。清科数据库数据统计显示，2001年1月1日至2018年6月30日，在风险投资机构所投资的公司中，已有1734家分别在上海主板、深圳主板和深圳创业板上市。

2. 创业板上市企业的IPO高折价现象

创业板又被称为二板市场，是与主板市场相对的第二股票交易市场。创业板最早出现于21世纪70年代的美国，并于90年代广泛兴起。其设立的初衷是为了帮助那些无法在主板上市的创业型企业、中小企业和高新科技企业解决融资困境和提供成长空间。作为主板市场的有效补充，创业板的设立在资本市场发展中占据着举足轻重的地位（李俊，2009）。

高新技术产业的发展离不开风险投资的支持，而风险投资的有效运作则依赖于创业板市场（曹政，2003）。Wind统计数据显示，自2009年10月23日创业板开板至2018年6月30日，已经有734家公司成功在我国深圳创业板上市，其中有449家公司得到了风险投资的支持，占据了创业板上市公司总数的62%，远远高于同一时期风险投资支持的企业在上海主板及深圳主板上市的公司数目。创业板在经历了十年怀胎之后曲折上市，其在解决中小企业融资难、给创业者带来希望的同时也饱受非议。其中，创业板在上市首日所表现出的较高的IPO折价率和

① 数据来自清科数据库。

“三高”问题一度是备受瞩目的话题（皮海洲，2011）。学者们试图从风险投资的角度来找出影响IPO折价率的因素。尽管学者们一致认为风险投资会对被投企业的IPO折价率产生影响，然而，风险投资对被投企业IPO折价率的影响结果如何却在学术界仍旧存在分歧。有些学者支持风险投资的认证作用和监督功能，认为风险投资的参与能够通过其认证、监督功能有效降低被投企业的IPO首日抑价率（唐云舒和谈毅，2008；张学勇和廖理，2011；李曜和王秀军，2015）。有些学者则发现风险投资的声誉效应和风投经验不足是造成风险投资参与的企业IPO首日折价率偏高的原因（张凌宇，2006；张丰，2009；陈工孟、俞欣和寇祥河，2011）。

风险投资能够发挥价值增值作用的重要原因之一是风险投资被认为具有网络关系资本，其与政府、银行、券商、同业等都具有重要关联，甚至在中国，风险投资被认为可能拥有政治资源（Francis等，2009；Cao等，2014）。风险投资拥有的这些关联关系都构成了其重要的社会资本（李占强，2012；王玉冬等，2012；梁上坤等，2015）。其中，风险投资与承销商的关系尤其值得重点关注。因为在风险投资支持企业实现IPO退出的过程中，必然会聘用承销保荐机构。

作为一家拥有较强网络关系的投资机构，风险投资会与承销商建立长期稳定的合作联盟关系吗？风险投资与承销商之间的联盟关系会对创业板上市公司的IPO定价效率产生何种影响？这种联盟关系的建立会有助于缓解创业板上市公司IPO之后的业绩下滑，进而为企业创造价值吗？这将是本书所研究的第一个主要问题。

3. 创业板上市企业的并购行为

兼并收购一直是企业寻求发展壮大的重要方式之一，“并购是否创造价值”一直是并购领域研究的核心议题（张新，2003；陈仕华等，

2013；王艳和阚铄，2014）。代理理论假说认为，并购行为可能成为公司的高级管理层谋取私利的渠道，从而加剧公司股东和管理者之间的代理冲突，降低并购绩效，进而减损企业价值（Hartzell 和 Ofek，2004）。高管过度自信假说认为，并购行为源自于管理层的过度自信，过度自信会导致人们高估自己的知识和能力，低估风险，从而降低了并购绩效，使财富由主并方股东转移到目标方股东（Roll，1989）。协同效应理论则认为，横向并购能够产生规模经济与范围经济，纵向并购则可以带来交易费用的节约、混合并购则兼而有之，协同效应可以提高并购绩效，为企业创造价值（Weston，2004）。由此可见，并购是否为并购方创造价值的判断标准之一在于并购绩效的高低。

创业板在上市之后，会面临融资效率、规模经济、盈利能力等一系列约束，其中并购行为则是创业板企业扩大资产规模和增强企业核心竞争力的主要手段之一（傅超、杨曾和傅代国，2015）。创业板上市企业多数受到风险投资的支持，在企业上市之后，由于受到解禁期的限制，风险投资将会留在被投企业继续发挥作用。现有研究指出，即便解禁期到来之后，风险投资也并不会集中卖出所持有的股份，而是表现出一种非连续退出的特征（徐欣和夏芸，2015）。

创业板上市企业发起的并购事件较多，据 Wind 统计数据显示，自 2010 年 3 月 9 日至 2015 年 12 月 31 日，创业板上市企业共完成 747 起并购事件，其中有风险投资参与的并购事件高达 470 起。然而，目前学术界对创业板企业并购行为的研究尚少，仅有学者曾指出创业板企业的并购行为与主板市场相比面临着较高的并购溢价（傅超、杨曾和傅代国，2015），对创业板企业的并购绩效、风险投资是否能够提高并购方的并购绩效的研究还处于空白阶段。作为一家具备投资经验的金融机构，风险投资在企业并购行为过程中将扮演何种角色？风险投资能够提高并购绩效，进而为主并方创造价值吗？风险投资的不同特征又将如何并购绩效？这些将是本书要回答的第二个主要问题。

4. 创业板上市企业的定向增发行为

自股权分置改革以来，定向增发已然成为我国上市公司实现股权再融资的主流方式之一（何丽梅，2010；徐寿福和徐龙炳，2011；支晓强和邓路，2014）。定向增发之所以备受上市公司青睐，主要源自以下三点原因：第一，定向增发的对象是特定的，仅针对少数投资者和大股东，无须面向中小股东融资，因此可以避免市场对“上市企业圈钱”的担忧，有助于树立市场信心；第二，按照我国《上市公司非公开发行股票实施细则》的规定，定向增发的股票存在12个月或36个月的锁定期，由于流动性的限制，不会增加即期扩容的压力，减少了二级市场的冲击；第三，定向增发会引进优秀的战略投资者和机构投资者，在满足公司融资需求的基础上，也能够达到改善公司治理和经营现状的目标。基于上述原因，定向增发对于资本市场的发展具有积极意义。

然而，定向增发的过程涉及公司财富在大股东和小股东之间、原始股东和新股东之间的重新分配。因此，催生了一些经济学界所关注和亟待解决的问题。其中，定向增发的高折价现象一直是备受热议的话题之一。我国上市企业的定向增发价格通常低于增发公告日收盘价的30%，产生了较高的折价，从而损害了中小投资者的利益。为了缓解定向增发的高折价现象，我国证监会先后于2006年5月和2007年9月颁布了《上市公司证券发行管理办法》和《上市公司非公开发行股票实施细则》，规定定向增发的发行价格不得低于定向增发基准日前20个交易日股价均价的90%，即所谓的“九折规则”。尽管如此，对于面向大股东的定向增发，学者们指出大股东可以通过“隧道挖掘”更严重的侵蚀小股东的利益。例如，大股东具有一定的控制权，可以借助股改或并购重组而进行长时间停牌、释放利空消息、联合机构投资者砸盘等一系列手段，拉低公司股价，从而降低定向增发基准价格。为了规范上市企业定向增发行为，2017 年 2 月，中国证监会对《上市公司非公开发行股票实施细则》的部分条文进行了修订，发布了《发行监管问答——关于引导规范上市公司融资行为的监管要求》，对定向增发拟发行的股份数量、定向增发间隔时间等作出详细规定。在此背景下，研究定向增发定价效率对防范利益分配失衡、保护投资者利益至关重要。

创业板上市公司大多为创业型中小企业和高新科技企业，存在着巨大的成长空间，上市后伴随着持续融资的需求，定向增发成为创业板上市企业上市不久后的再次融资选择。Wind 数据统计显示，自 2009 年 10 月 23 日创业板开市至 2018 年 6 月 30 日，已有 731 家公司在创业板成功上市，其中 335 家在此期间实施了定向增发。创业板上市企业的另一个特征是普遍获得风险投资（以下简称为 VC）支持。在上市的 731 家企业中有 457 家公司上市前得到了风险投资的支持，占创业板公司总数的 62. 5%。在实施了定向增发的 335 家上市公司中，有 106 家企业存在 VC 股东，占实施定向增发企业总数的 31. 64%。作为企业的原始股东之一，在定向增发的发行定价过程中，风险投资将产生何种作用？其背后的作用机制又是什么？这些将是本书研究的第三个主要问题。

1. 1. 2 研究意义

创业企业的融资困境一直是中国资本市场上广受热议的话题之一，而创业板的推出和风险投资浪潮的兴起为解决这一困境带来了曙光。创业企业的发展离不开风险投资的支持，而风险投资的有效退出则离不开创业板。在一般的金融学研究中，IPO 定价效率、并购定价和定向增发定价一直是备受学者和实务界关注的话题。而风险投资作为创业板市场的主要参与者，不仅参与了创业板上市企业的IPO定价过程，还在被投企业上市后参与了企业的并购扩张、定向增发等行为。资产价格的定价效率高低反映了资源配置的有效性，风险投资在其中发挥了何种作用？在上述背景下，通过研究我国风险投资对创业板上市公司的IPO定价效率、并购绩效和定向增发折价率的影响具有重大的理论意义和现实意义。

1. 理论意义

第一，本书将会对风险投资对被投资企业的价值增值机制研究作出新的贡献。尽管风险投资在企业IPO过程中所表现出的认证效应和监督功能已被学术界广泛认可，然而，目前学术界对风险投资对被投资企业上市后的价值增值机制的研究尚不多见。在被投资企业上市后，少数学者关注了风险投资对企业投融资效率、研发创新、财务绩效（逯东，万丽梅和杨丹，2015）等方面影响，鲜有学者关注风险投资是否会影响企业上市后的并购绩效和定向增发行为。本书立足于创业板上市企业发起的并购事件和定向增发事件，研究了风险投资对企业并购绩效和定向增发折价的影响，探讨了风险投资影响企业并购绩效和定向增发折价率的渠道，有助于学者加强对风险投资价值增值作用的理解和认识。

第二，本书将会对并购对企业的价值创造理论作出贡献。并购是否为企业创造价值一直是学术界关注的重点话题之一。有些学者从目标公司选择的角度来对并购绩效进行研究，例如目标公司的行业特征、区域特征、协同效应（唐建新和陈冬，2010）；也有些学者从并购方的角度，使用代理理论、高管过度自信假说、自由现金流假说等（Roll，1986）来对企业的并购行为进行研究，有些学者从并购双方之间的关系的角度来对企业并购绩效进行研究，例如高管之间的董事联结（陈仕华，姜广省和卢昌崇，2013）会对并购绩效产生显著正向影响，有些学者则关注于高管与政府之间的政治联结对并购行为的影响（李善民，赵晶晶和刘英，2009），鲜有学者关注风险投资对企业并购绩效的影响。本书以被投资企业上市之后的并购绩效为研究对象，加深了学术界对并购理论的认识和了解。

第三，本书将会对定向增发定价效率理论作出新的贡献。定向增发作为我国上市企业进行股权再融资的主要渠道之一，其发行价格的确定一直备受关注。定向增发过程涉及大股东和中小股东、原始股东和新股东之间的利益分配过程。国内外学者分别从流动性限制假说、高管监督成本补偿假说、信息不对称假说、管理层的机会主义动机假说等角度分析了定向增发产生高折价的原因。然而，前人在研究定向增发的利益分配主体时，仅考虑了大股东、小股东和新进机构投资者三方，尚未考虑作为企业原始股东之一的风险投资机构将会如何参与定向增发过程中的利益分配。本书以创业板上市企业发起的定向增发事件作为研究对象，丰富了学术界有关定向增发定价效率理论的理解和认识。

2. 现实意义

第一，本书的研究有利于增强学术界和实务界对风险投资网络关系的了解和认识。金融机构之间的联盟关系已经被学术界和实务界较早地认知，这是由于风险投资的广泛发展主要开始于20世纪80年代，而此时的银行、承销商等金融机构已具备较长时间的发展历史，甚至已经形成了较为稳定的网络关系。相比之下，风险投资作为一种崭新的融资渠道，其被学术界和实务界的研究仍处于探索阶段，学者对风险投资的研究大多将其与承销商之间的关系相孤立。因此，对风险投资与承销商之间的联盟关系进行研究可以弥补学术界对该问题研究的空白。

第二，本书的研究有利于政府更好地规范和引导风险投资的发展。风险投资不仅在企业的初创阶段入股公司为企业提供资金支持，与此同时，在企业上市之后，风险投资还将利用其专业知识为企业的并购、专利研发等提供服务。通过分析风险投资对创业板上市企业的IPO定价效率、并购绩效和定向增发效率的影响，有助于更好地理解风险投资机构对企业的价值增值机制，从而有利于政府因地制宜地规范和引导风险投资的发展。

第三，本书的研究有利于上市企业更好地进行公司治理和生产经营。IPO、并购和定向增发均为企业进行融资活动和发展壮大的主要渠道，国外研究发现企业在IPO过程中往往面临着较高的发行折价、并购活动未必能够为企业创造价值、定向增发则可能增加中小股东和大股东之间的利益冲突。如何更好地缓解融资过程中的信息不对称、提高公司治理效率，从而提升企业在融资过程中的定价效率和资源配置的有效性？本书尝试回答这些问题，将有助于加深对企业治理的理解和认识。

1.2　研究思路及结构安排

1.2.1　研究思路

风险投资在帮助被投资企业成长发展、促进经济增长等方面有着突出贡献。国内外学者对风险投资如何帮扶被投资企业实现价值增值进行了较多研究，然而，伴随着风险投资在我国近些年来的发展，有些新的热点问题尚未得到深入细致的研究。本书在梳理国内外现有研究文献的基础上，提出了以下三个亟待研究和解决的问题：

第一，风险投资支持的企业在我国均表现出显著较高的IPO首日折价率，我国学者尝试从风险投资的认证功能、监督功能、市场力量等（张学勇和廖理，2011；汪炜等，2013）角度给予了解释。然而，在我国，风险投资被认为具备一定的政治资源和社会关系。风险投资与银行、券商、同业等之间都具备一定的网络关系。前人学者研究了联合风险投资对企业 IPO 定价效率的影响（许昊等，2016），尚未见文献关注风险投资与券商承销机构之间的网络关系将如何影响 IPO 定价效率。我国的风险投资与承销商之间存在联盟关系吗？这种联盟关系将如何影响 IPO 定价效率？

第二，并购是否创造价值一直是并购领域亟待解决的问题，而并购绩效则是学术界和实务界度量并购绩效的关键指标。我国创业板上市企业在上市初期进行了频繁的并购行为。Wind 数据库的统计数据显示，在 2009—2015 年我国创业板上市的 493 家公司中，有 267 家在上市后 3 年之内完成了 560 起并购事件，平均每家公司 2.1 起。创业板上市企业的并购行为多受到风险投资企业的支持，那么是否有风险投资背景将会对企业的并购绩效产生何种影响呢？风险投资又是通过何种渠道来影响企业的并购绩效的呢？

第三，定向增发是上市企业进行股权再融资的重要渠道之一，定向增发的发行价格关系到定向增发过程中各参与主体的利益分配。风险投资作为上市企业的原始股东，是否会参与企业的定向增发过程？在企业定向增发的发行价格确定过程中，风险投资将会发挥何种作用？

针对上述三个问题，本书使用以下方法，分别通过第 3 章、第 4 章和第 5 章的理论分析和实证分析，对每个问题进行了研究和探索：

第一，在研究风险投资对企业 IPO 定价效率的影响时，不同于前人做法，本书将风险投资与承销商合作两次及以上的上市企业定义为有 VC—券商联盟背景的企业，将风险投资与承销商不存在合作关系但受到风险投资支持的上市企业定义为无 VC—券商联盟背景的企业，将无风险投资支持的上市企业定义为无 VC 背景的企业。为了更好地研究 IPO 定价效率，本书使用倾向评分匹配（PSM）方法和相对估值方法将传统的 IPO 折价率分解为一级市场的“内在折价率”和二级市场的“市场反应率”，使用单变量检验和多元线性回归分析的方法检验了上述三种背景的企业在内在折价率、市场反应率和传统 IPO 折价率上的表现差异。

第二，在研究风险投资对企业并购绩效的影响时，参考前人文献，本书以创业板上市企业发起的并购事件作为研究样本，使用市场模型法，计算出了主并方在并购宣告日前后 1 天的累计超额市场回报率，作为度量并购绩效的指标。使用风险投资的持股比例合计数、风险投资持股家数作为度量风险投资参与度的指标，使用清科数据库给出的中国创业投资暨私募股权投资年度排名来界定风投是否具有声誉，分别从理论分析和实证分析的角度考察了风险投资、风险投资参与度和风险投资声誉对企业并购绩效的影响。为了更好地理解风险投资对企业并购绩效的影响机制，本书以风险投资在并购前对企业并购成本的影响和在并购后对企业资源整合效率的影响为出发点，研究了风险投资对企业并购绩效的影响机理。

第三，在研究风险投资对企业定向增发发行折价率的影响时，本书以创业板上市企业发起的定向增发融资事件作为研究对象，受到前人理论模型的启发，本书将定向增发发行价格确定过程中的利益分配主体划分为：大股东、风险投资机构、小股东和机构投资者四方；将定向增发的情形分为：仅面向大股东的定向增发、仅面向机构投资者的定向增发、面向大股东与机构投资者的定向增发。通过分析不同情形风险投资对定向增发折价率可能产生的影响，设计模型进行实证检验，研究了风险投资对上市企业定向增发折价率的影响。

第四，本研究对上述三部分的内容进行了总结，通过本书得出的研究结论，向政府、企业、风险投资机构和投资者等市场参与主体提出了一定的政策建议，并指出了本书在对 IPO 定价效率、并购绩效和定向增发折价率进行研究时所具有的局限性，提出了未来的研究方向。图 1.1 为本书研究的技术路线。

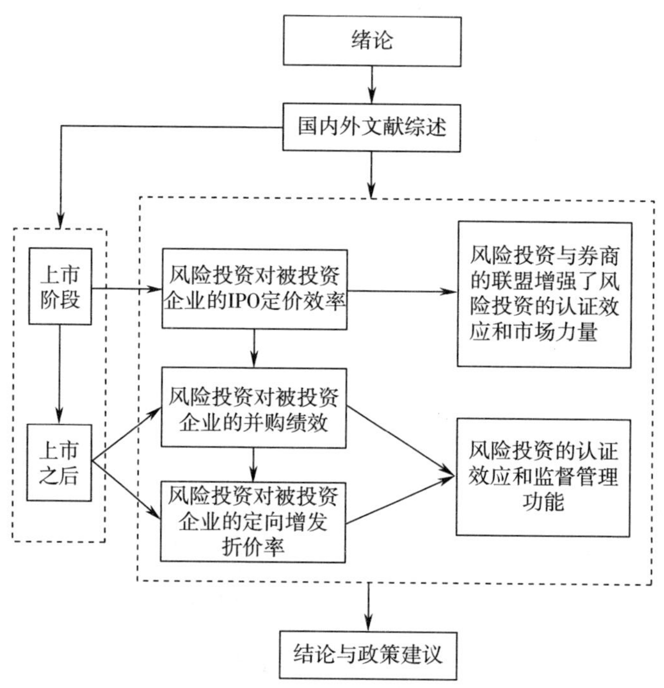

图 1.1 研究技术路线

1.2.2 结构安排

根据以上分析的研究思路和研究技术路线，本书总共分为 6 个章节，各章节的具体内容安排如下。

第 1 章为绪论部分。该章节介绍了研究背景、研究现实意义和理论意义、研究方法及结构安排、研究发现和可能的创新之处。

第 2 章为理论基础。该章节主要介绍了风险投资的概念、风险投资对被投资企业影响的相关文献综述、企业并购绩效的相关文献综述、企业定向增发折价的相关文献综述，并在前述文献综述的基础上对前人的文献进行了总结。最后，该章介绍了本研究需要的实证计量基础，主要包括内生性问题的处理方法和事件研究方法。

第3章至第5章是本书的核心章节。其中第3章基于风险投资与券商联盟的视角，选取创业板上市企业作为研究对象，通过理论分析和实证分析，研究了风险投资的社会资本对上市企业IPO定价效率的影响。

第4章以创业板企业上市之后发起的并购事件作为研究对象，通过理论分析和实证检验，研究了风险投资、风险投资的参与度高低和风险投资的声誉如何通过VC的认证效应和监督功能影响企业的并购定价。

第5章以创业板企业上市之后发起的定向增发事件作为研究对象，通过将定向增发划分为面向大股东的定向增发、面向机构投资者的定向增发和既面向大股东又面向机构投资者的定向增发三种类型，分析不同定向增发情形下风险投资对定向增发折价率的影响，同时，研究了风险投资是否与承销商存在联盟关系、风险投资股权性质、风险投资是否联合投资和风险投资的声誉如何影响企业的定向增发折价。最后，探析了风险投资及风险投资异质性特征影响企业定向增发折价的作用机制。

第6章是结论与政策建议。首先，该章节对第3章和第5章的研究结论进行了总结；其次，在第3章至第5章的理论分析和实证分析的基础上提出了本书的政策建议；最后，该章节指出了本书在上述研究中的不足之处，并提出了未来的研究方向。

1.3 研究发现及主要创新点

1.3.1 主要研究发现

首先，在研究风险投资与承销商的联盟关系对创业板上市企业IPO定价效率的影响时，本书发现，相比于其他有风险投资持股但与券商无多次合作关系的公司以及无风险投资持股的公司，存在VC—券商合作关系的公司的IPO发行价格更接近于公司的内在价值，表现为内在折价率最低；且该类公司在上市首日具有更高的市场价格，表现为市场反应率最高。

其次，在研究风险投资对创业板上市企业并购绩效的影响时，笔者发现，相比于无风险投资背景的企业，有风险投资持股的企业在并购之后的并购绩效显著较高；随着持股的风投机构家数和持股比例的增加，有风险投资支持企业的并购绩效也随之显著上升；高声誉风险投资支持的企业并购绩效显著优于低声誉风险投资支持的企业。本书尝试给出上述现象的解释原因：VC的认证效应和监督功能可以降低并购溢价。风险投资的认证效应和监督功能能够提高并购后的内部控制有效性，有利于企业并购后的资源整合。伴随着风险投资参与度和声誉的提高，上述两种机制的影响效果更为显著。

最后，在研究风险投资对创业板上市企业的定向增发折价率的影响时，笔者发现，我国创业板上市企业的定向增发也存在明显的高折价现象，平均折价率高达20.4%左右。风险投资能够显著降低企业的定向增发折价率。与承销商存在联盟关系、非国有背景、高声誉或采取联合投资策略的风险投资支持企业表现出更低的定向增发折价率。定向增发定价效率的提升主要通过三个渠道实现：一是风险投资的“监督效应”，即缓解大股东的利益输送，表现为降低定向增发前的盈余管理；二是风险投资的“认证效应”，即降低机构投资者对信息成本的补偿要求，表现为提升公司股票信息度；三是风险投资和券商联盟的“关系租金效应”，即提升定向增发的交易效率，表现为降低定向增发持续时间。进一步研究显示，2017年2月中国证监会出台定向增发新政后，风险投资对企业定向增发的监督认证效应和关系租金效应依旧存在。

1.3.2 主要创新点

与前人文献相比，本书的创新点主要侧重于以下三个方面：

第一，本书研究了风险投资在被投企业上市之后对被投企业的价值增值机制。目前，国内外文献多从上市企业的IPO抑价率、企业上市后的投融资效率、企业上市后的技术创新等角度进行，未见有学者关注风险投资对企业上市后并购行为和定向增发折价率的影响。本书立足于创业板上市企业发起的并购事件和定向增发事件，探讨了风险投资对企业并购绩效和定向增发折价率的影响，是对风险投资价值增值机制的补充性研究。

第二，本书研究了风险投资对创业板上市企业并购绩效的影响，弥补了对创业板上市企业并购行为的研究。现有的国内并购领域的文献主要针对主板上市公司或大型企业的并购，甚至是跨国并购（潘红波和余明桂，2011；曹廷求等，2013；陈仕华等，2013）。由于我国创业板的定位均为创业型企业，并购标的亦多为中小型企业，目前尚未见有针对创业板上市企业并购的研究。而在研究影响并购绩效的因素时，我国学者试图从并购方、目标方、并购双方之间的关系等角度出发，来研究“并购是否创造价值”的课题，未见有学者关注作为企业重要原始股东之一的风险投资股东将会如何影响并购绩效。本书弥补了创业板企业并购、并购方股东对并购价值影响等问题的研究，发现了新的知识，并尝试给出了VC对企业并购的价值增值机制的解释。

第三，本书研究了风险投资对创业板上市企业定向增发折价率的影响，弥补了对创业板上市企业定向增发定价效率的研究。现有的国内定向增发领域的文献主要针对主板上市企业。由于创业板成立时间较短，最早的定向增发事件可追溯到2012年，尚未引起学者们的关注和重视，目前尚未见有针对创业板上市企业定向增发事件的研究。我国学者试图从大股东利益输送、企业政治关联、投资者异质信念等角度来研究不同因素对企业定向增发折价的影响，未见有学者关注作为企业重要原始股东之一的风险投资股东将会如何影响定向增发折价。本书研究风险投资对企业定向增发折价的影响，将加深对企业定向增发中各参与主体的认识，补充对企业定向增发行为的相关研究。

第2章
相关文献综述

2.1 相关概念界定

2.1.1 风险投资的界定

风险投资是指具有一定的资金实力的投资家或投资机构，对一些具备专业技术和良好的市场发展前景，但缺乏启动资金的创业型企业进行投资，帮助其进行创业活动，并因此而承担创业公司创业失败的风险的投资。“风险投资”这一词语及其行为，最早来自美国。二十世纪六七十年代后期，一些愿意以高风险来换取高回报的投资者发明了这种行为。风险投资不需要抵押和偿还，如果投资成功，则投资人将获得高额的收益，如果投资失败，风险投资也通常不能追回投资本金。

广义的风险投资是指一切以追求高风险和潜在高收益而进行投资活动的个人或机构；狭义的风险投资则是指投资于那些具备较强的竞争潜力、尚未上市的公司（主要是高新科技公司），为融资人提供长期股权资本和增值服务，培育企业快速成长发展，数年后被投资企业通过上市、并购或其他股权转让方式而退出被投资企业并获取高额回报的投资机构。

由于风险投资目前在学术界和实务界的概念尚未达成统一，本书在定义风险投资时，参考前人文献的通常做法（吴超鹏等，2012；徐欣和夏芸，2015），采用如下方式来定义风险投资：清科数据库自 2009 年起开始公布和收录了《中国创业投资暨私募股权投资机构名录》，将公司与该名录进行交叉核对，如果该公司被收录，则认定该公司为风险投资；若该公司未出现在名录中，但在公司说明中该公司的主营业务为“创业投资”“风险投资”，则认为该公司也属于风险投资。

2.1.2 IPO 定价效率的界定

定价效率通常是指某种证券的价格反映该证券相关信息的能力。IPO 定价效率则是指在新股发行中，新股的价格反映该股票信息的能力。对于 IPO 定价效率的研究，传统的文献多采用 IPO 抑价率来衡量 IPO 定价效率，有时也被称为 IPO 折价率。其中 IPO 抑价率等于（IPO 首日收盘价 - 发行价格）/发行价格（Megginson 和 Weiss，1991；陈工孟等，2011）。使用 IPO 抑价率作为 IPO 定价效率的逻辑前提是二级市场首日收盘价为对该新股的合理定价，即 IPO 首日收盘价即为新股的内在价值。此时，IPO 首日收盘价与发行价格之间的偏差代表了新股发行价格偏离其真实内在价值的程度，用于检验一级市场定价（以发行价格来度量）是否偏离理性价值（以 IPO 首日收盘价度量）。

信息不对称假说认为在新股发行过程中，参与认购的外部投资者与企业之间存在信息不对称，为了补偿外部投资者所遭遇的信息劣势，新股发行价格低于新股的真实内在价值。当 IPO 首日收盘价能够准确衡量新股内在价值时，IPO 抑价率一般表现为正数，且数值越大意味着新股发行价格远远低于其内在价值，代表新股的定价效率越低。

然而，我国新股上市首日定价存在情绪因素而体现为非理性（伍燕然和韩立岩，2007），同时一级市场定价因存在审核制度等并不理性（刘煜辉和熊鹏，2005），因此，新股IPO首日收盘价并不能有效衡量新股的内在价值。现有学者在传统IPO抑价率的基础上进行了改造，构建了新的变量来度量IPO定价效率。Chemmanur 和 Loutskina（2006）提出将IPO折价率分解为一级市场的“内在折价率”（Intrinsic Underpricing）和二级市场的“市场反应率”（Market Reaction）两个部分，通过设置两个变量来分别刻画一级市场和二级市场的定价效率。其中一级市场的“内在折价率”等于（新股内在价值 - 发行价格）/发行价格，二级市场的“市场反应率”等于（IPO首日收盘价 - 内在价值）/内在价值。内在价值的计算可以采用相对估值法或绝对估值法，其中，相对估值法包括市盈率法、市销率法、市净率法等方法；绝对估值法是指通过对上市公司历史与未来经营收支状况进行分析，从而得出该公司股票实际存在的内在价值，常用的方法是DCF估值法。本书采用相对估值法对新股内在价值进行估算，具体步骤请参见本书3.2部分内容。

2.1.3 并购定价效率的界定

国内外学者从多个角度出发，对上市公司的并购定价效率进行了广泛的研究。度量并购定价效率存在两种方法，一种是检验并购成本是否有显著降低，另一种则是检验并购收益是否有显著增加（石晓等，2015）。有关并购成本的研究立足于企业的并购溢价，认为当并购支付的成本越高时，意味着并购之后的投资回报率会有所下降，甚至意味着未来并购整合的失败，这代表着一种较低的并购定价效率。有关并购收益的研究则立足于企业的并购绩效，认为当并购能够带来较多的收益，呈现较好的并购绩效时，并购定价效率是越高的。其中，第二种方法在目前更为常见。

学者多采用两个维度来度量企业的并购绩效，一种是市场维度，即以并购宣告前后并购方的累计超额回报率来度量并购市场绩效，例如，使用并购宣告日前后 1 天、3 天或 5 天的累计超额回报率 CAR（-1，1）、CAR（-3，3）、CAR（-5，5）；另一种是财务维度，即以并购宣告前后并购方财务绩效的变化来度量并购财务绩效（陈仕华等，2013），例如使用并购宣告日前后一年或两年企业资产收益率（ROA）的变化。因此，下文也常用并购绩效来代指并购定价效率。有关累计超额回报率的计算可参见本书 4.3 部分内容。

2.1.4 定向增发定价效率的界定

定向增发定价效率是指在上市企业进行定向增发过程中，定向增发新股的价格反映该股票信息的能力。与 IPO 定价效率类似，定向增发定价效率经常用定向增发折价率来衡量，有时也被称为定向增发抑价率。传统的 IPO 折价率使用 IPO 首日收盘价与发行价格的偏离幅度来度量，因此定向增发折价率也经常使用定向增发发行日收盘价与发行价格的偏离幅度来度量。

但是，与 IPO 新股首次发行不同，根据《上市公司非公开发行股票实施细则》规定，定向增发的新股定价存在一个定价基准日。一般来说定向增发的定价基准日可以选择首次公告日（即董事会预案公告日）、股东大会公告日、发行日三种，现实中较多定向增发公司选择第一种作为定向增发定价基准日。因此，有些学者也选择使用定向增发首次公告日收盘价与发行价格的偏离幅度来度量定向增发折价率（何丽梅，2010）。

董事会开会日期可以由上市公司董事会随意选择，股东大会公告日亦可以由股东大会自主调整，这意味着上市公司对定向增发基准日的确定存在操控空间，进而对定向增发的基准定价存在价格择时可能。基于此，2015 年 12 月证监会进行了窗口指导，明确要求上市公司定向增发应当以发行日收盘价作为定价基准。2017 年 2 月 15 日证监会改革定向增发政策（《关于修改〈上市公司非公开发行股票实施细则〉的决定》），最重要的改革之一就是改在基准价格上，统一规定所有定向增发的发行基准价格都以发行日收盘价为准。这意味着，使用定向增发发行日收盘价与发行价格的偏离幅度来度量定向增发定价效率更能反映新政策的规定。本书采用定向增发发行日收盘价与发行价格的偏离幅度来度量定向增发定价效率，也使用定向增发首次公告日收盘价与发行价格的偏离幅度作为度量定向增发定价效率的稳健性指标，具体定义请参见本书 5. 3 部分内容。

2. 2　风险投资对被投企业影响的相关文献综述

近年来，伴随着风险投资在我国的长足发展，作为企业投资人，风险投资也已经成为一项影响企业经营治理的不可忽视因素（张学勇和张叶青，2016）。关于风险投资影响被投企业效应的争议，目前主要有三种观点。第一种观点：Cao 等（2014）、Faria 和 Barbosa（2014）认为，风险投资能够通过资金支持、监督治理等方式为被投资企业提供价值增值服务，从而增加企业价值。第二种观点：杨其静等（2015）、Bernstein等（2016）、Dutta 和 Folta（2016）认为，风险投资倾向于在投资阶段选择具有某些特殊性质的企业，例如具有更好的发展潜力、更丰富的政治资源等，具有一定的甄别选择效应，这种甄别选择效应对企业价值增值无显著影响。第三种观点：Dessi 和 Yin（2011）、温军和冯福根（2018）则认为，风险投资能够通过所有权替代、稀释创业者股权等方式对被投企业进行财富攫取，从而减损企业价值。

第一，价值增值效应。风险投资对企业的价值增值服务主要包括四种，分别是监督效应（Monitoring Effect）、认证效应（Certification Effect）、市场力量效应（Market Power Effect）与咨询功能（Consulting Function）。监督效应认为风险投资能够向被投资企业提供监督治理服务，如风险投资在人力资源安排、股权激励计划实施、高级管理人员聘请等事项方面参与被投公司的经营管理决策（Masulis 和 Nahata，2011；Li 等，2016；张学勇和张叶青，2016）。认证效应认为，作为熟悉公司经营管理状况的投资机构，VC 持股本身就是对公司质量的一种认可，能够向外部投资者传递公司具备投资价值的信息，缓解公司内部人和外部人之间的信息不对称，降低外部投资者的甄别成本（Chahine 等，2007；李曜和宋贺，2017；武龙，2019）。市场力量效应认为在新股发行过程中，有风险投资参与的企业能够吸引更多优质的承销商和投资者参与认购，从而影响新股发行价格和二级市场的价格表现（Chemmanur 和 Loutskina，2006；付辉，2018）。咨询功能认为风险投资能够为被投资企业提供有价值的咨询建议，如企业异地并购决策（李善民等，2019）。

第二，甄别选择效应。风险投资在投资阶段将会对创业企业进行甄别，根据创业企业家的能力作出最优投资决策。有学者形象地将风险投资对创业企业的挑选行为称之为单边排序选择，即投资经验越丰富的风险投资机构倾向于挑选越具发展前景的创业企业（Sørensen，2007）。付辉和周方召（2017）则发现风险投资与创业企业之间的甄别与选择存在着“门当户对”的配对行为。风险投资的甄别选择效应意味着风险投资倾向于投资具有某些特殊性质的企业，例如具有更好的发展潜力、更丰富的政治资源等，风险投资机构对创业企业是否能成功 IPO、是否实现价值增值并不发挥显著作用（Dai 等，2012；Knockaert 和 Vanacker，2013；Dutta 和 Folta，2016；Bernstein 等，2016；杨其静等，2015；Fu 等，2019）。

第三，攫取效应。风险投资可能攫取被投资企业的财富，例如，风险投资可以通过契约安排掠夺创业者所有权、稀释创业者股权、以对自身有利而对创业者不利的价格将公司出售等方式攫取被投资企业的财富（Dessi 和 Yin，2011；温军和冯福根，2018）。此外，与历史悠久的风险投资相比，成立时间较短的风险投资有较强的动机敦促公司尽快上市，以实现迅速积累声誉和财富的目的（Lee 和 Wahal，2004）。为了满足快速上市的门槛和上市后的退出收益，风险投资存在引导公司进行盈余管理的动机，从而导致风险投资不能发挥对上市公司的价值增值作用（蔡宁，2015）。

伴随着风险投资增值效应、甄别选择效应与攫取效应的研究，有些学者关注于异质性风险投资对被投资企业的影响效应。例如，Lee 和 Masulis（2011），Derrien 等（2013）从投资周期角度将风险投资划分为短期风险投资和长期风险投资；余琰等（2014）、丛菲菲等（2019）从股权性质角度将风险投资划分为国有风险投资和民营风险投资；Tian（2012）从投资机构数量角度将风险投资划分为联合风险投资和单一风险投资；Amor 和 Kooli（2020）从声誉角度将风险投资划分为高声誉风险投资和低声誉风险投资，等等。

风险投资及异质性风险投资的增值效应、甄别选择效应与攫取效应被广泛应用在：（1）风险投资在 Pre－IPO 市场对未上市企业的投资作用，如风险投资对被投资企业的事前甄别筛选（Sørensen，2007；杨其静等，2015；Fu 等，2019）；（2）风险投资对被投资企业上市阶段的作用，如风险投资对被投资企业的 IPO 定价效率、首次过会概率、IPO 耗时等方面的影响（Nahata，2008；李曜和宋贺，2016；曾庆生等，2016）；（3）风险投资对被投资企业上市后阶段的作用，如风险投资对被投资企业上市后投融资效率、研发创新能力、盈余管理、税收筹划、股利政策、并购绩效、银行贷款获得率等方面的影响（吴超鹏等，2012；Cao等，2014；赵静梅等，2015；张学勇和张叶青，2016；Li 等，2016；陈洪天和沈维涛，2018；温军和冯福根，2018；Que 和 Zhang，2018；武龙，2019；李善民等，2019）。

具体来看，上述关于风险投资的研究成果如下。

作为创新型企业的一种融资方式，企业 IPO 是推动风险投资发展的最为重要的因素之一（李曜和张子炜；2011；韩永辉、冯晓莹和邹建华，2013）。风险投资对企业 IPO 的影响主要表现在对企业上市首日折价率的影响上。Megginson 和 Weiss（1991）以美国的风险投资作为研究对象，研究结果发现有风险投资支持的公司能够显著降低发行上市所需的成本，并能够缩短等待上市的时间，风险投资支持的公司 IPO 首日折价率显著低于没有风险投资支持的公司。他们指出这是由于风险投资具有认证效应，向市场传递了公司真正价值的信号，降低了信息不对称，减少了首日折价率。Megginson 和 Weiss（1991）的研究方法被 Chahine、Filatotchev 和 Wright（2007）应用于英国和法国的风险投资，并得出了与 Megginson 和 Weiss（1991）一致的结论。Barry 等（1990）的研究发现风险投资参股公司的比例越高、投资该公司的风险投资数目越多、服务董事会的时间越长，则 IPO 的首日折价率越低。因此，Barry 等认为风险投资具有一定的监督功能。该结论得到 Bottazzi 等（2011）、唐运舒和谈毅（2008）、张学勇和廖理（2011）等的支持。Ljungqvist（1999）指出风险投资参股的公司之所以表现出较低的首日折价率，并不是由于风险投资参股这一因素造成的，而是由于老股东更加关注新股的发行定价，因为这些因素将会影响到老股东的财富。相应地，Habib 和 Ljungqvist（2001）进一步发现，如果在上市首日较多老股东抛售该风险投资持股公司的股票，则 IPO 首日折价率将得到缓解。汪炜、于博和宁宜希（2013）认为无论风险投资持股与否、风险投资的声誉高低，都无法对公司的发行定价产生显著影响，他们认为我国的风险投资并不存在认证作用与监督功能。这一结论也得到寇祥河等（2009）、陈工孟等（2011）的支持。Gompers（1996）的研究发现，与历史悠久的风险投资机构相比，成立时间较短的风险投资机构有较强的动机敦促企业尽快上市，以实现迅速积累声誉的目的。Lee 和 Wahal（2004）的研究也发现，有风险投资支持的企业，其 IPO 首发折价率显著高于无风险投资支持的企业，且拥有较高折价率的风险投资企业在后续得到了更多的资金流入其风投基金。该结论验证了风险投资的逐名效应。而汪炜等（2013）则认为我国风险投资不存在为追求声誉而推动公司尽快上市的现象。

Lee 和 Wahal（2002）的研究发现有风险投资支持的公司首日 IPO 折价率显著高于对比公司，他们认为造成这一现象的原因在于风险投资具有一定的市场力量，能够吸引到二级市场中更多的投资者关注。Chemmanur 和 Loutskina（2006）将 IPO 首日折价率分解为内在折价率（内在价值/发行价格 -1）和市场反应率（首日收盘价/内在价值 -1），发现有 VC 持股的公司拥有更高的内在折价率和更高的市场反应率。李曜和王秀军（2015）以创业板上市公司作为研究样本，通过使用将 IPO 折价率分解为内在折价率和市场反应率的方法，发现风险投资持股的公司具有普遍较低的内在折价率，而在上市首日存在显著更高的市场反应率，并且市场反应率大于内在折价率，从而风险投资持股公司体现出更高的 IPO 抑价率。

国内外学者不仅对风险投资对 IPO 首日折价率的影响进行了研究，还对风险投资对上市公司的发行市盈率和融资规模的影响进行了研究。不同于通过构建回归方程来研究风险投资对 IPO 首日折价率的影响的方法，学者对风险投资对上市公司的发行市盈率、融资规模和发行费用的研究主要使用了单因素分析和非参数检验方法。Mikekelson、William 和 Kathleen（1991）在检验风险投资的认证效应时，使用匹配技术按照发行规模和行业对风险投资参股的企业样本和非风险投资参股的企业样本进行匹配，然后将风险投资参股的 320 家企业样本与匹配后的非风险投资参股的 320 家企业样本进行均值检验，检验结果发现由于风险投资作为第三方，其认证效应可以有效降低发行企业内部人和外部投资者之间所面临的信息不对称，因此风险投资参股的企业融资规模和发行价格均显著高于非风险投资参股的企业，从而表现为更高的发行市盈率。寇祥河等（2009）使用了单因素分析法和非参数检验的符号法对风险投资参股的企业样本与非风险投资参股的企业样本进行均值差异检验，研究结果支持认证效应，即风险投资持股公司市盈率高于非风险投资参股公司的市盈率（Mikekelson、William 和 Kathleen，1991）。与 Mikekelson、William 和 Kathleen（1991）的研究结论不同的是，他们发现针对深圳中小板样本的研究结论显示风险投资支持的企业融资规模显著低于非风险投资支持的企业。而造成这种现象的原因是风险投资为了能够快速在市场上建立并积累自身的声誉，会采取强迫其所投资的企业早日上市的手段，而较早上市的企业由于自身规模较小，所需的 IPO 融资规模也相对较小。

Jain 和 Kini（1994）在使用市账比、每股盈利和市盈率来衡量公司的经营绩效时发现，上市公司在上市当年的经营绩效显著差于上市前一年的经营绩效，甚至该现象在上市公司上市之后的三年到五年内也没有消失。这就是著名的 IPO 效应。其后有许多学者对风险投资是否有助于缓解 IPO 效应进行了研究。

Jain 和 Kini（1995）以北美地区的风险投资作为研究样本，使用匹配技术将风险投资参股的企业样本与无风险投资参股的企业样本按照行业特征和年度特征进行匹配，使用均值检验法对匹配后的两组样本进行均值检验。检验结果发现在 IPO 上市之前，有风险投资支持的企业经营绩效显著低于无风险投资支持的企业，且两组样本在 IPO 之后的经营绩效相较 IPO 之前均有所下降，但是有风险投资支持的企业下降幅度弱于无风险投资支持的企业。这表明风险投资能够有效缓解上市公司所面临的 IPO 效应。与此同时，Janin 和 Kini（1995）的研究结论还发现风险投资支持的企业在 IPO 上市之前的单位资产资本费用显著低于无风险投资支持的企业，意味着风险投资能够通过监督效应降低企业的盈余管理，弱化企业通过减少资本费用来粉饰利润的动机。

Wong（2004）以香港的证券市场 IPO 作为研究对象，得出了与 Janin 和 Kini（1995）相反的结论。这主要是由于 Wong（2004）没有考虑到盈余管理、行业因素、企业在上市之前的经营绩效等对企业上市之后经营绩效的影响，因此结论的稳健性受到了影响。唐运舒和谈毅（2008）采用均值检验技术和横截面回归模型，在控制了盈余管理、行业因素、企业在上市之前的经营绩效等对企业 IPO 之后经营绩效的影响之后，得出了与 Janin 和 Kini（1995）相同的结论。宋方秀和李晨晨（2014）在使用总资产收益率、净资产收益率和主营业务利润率作为衡量经营绩效的指标时，选择我国创业板上市公司作为研究样本，也得出了与 Janin 和 Kini（1995）相同的结论。

Tykvova 和 Mannheim（2004）以德国的风险投资作为研究对象，与

Janin 和 Kini（1995）不同，他们将风险投资划分为：政府风险投资、企业风险投资、券商直投和独立风险投资四种类型，研究结果发现在企业 IPO 上市后的两年内，由独立风险投资所参股的企业经营绩效显著好于其他类型的风险投资所参股的企业，且独立风险投资所参股的企业股票价格波动也显著较低。这主要是由于独立风险投资偏好于投资那些市账比较高且公司规模较大的企业，他们更加能够发挥公司治理的功用，有效降低了参股企业所面临的异质性风险，使企业增值。相比之下，由政府风险投资所支持的企业则在 IPO 之后表现出较差的经营绩效。该研究结论得到了陈伟和杨大楷（2013）的支持。

有些学者则将风险投资对被投企业的影响机制定位在风险投资对被投资企业的公司治理上。Barry 等（1990）曾指出，风险投资不仅在企业上市前为被投资企业提供了资金支持，风投还以参与被投企业董事会的方式参与企业的经营管理，对被投企业发挥监督作用。Baker 和 Gompers（2003）认为，在风投参股企业的董事会中，独立董事的比例将明显更高。风险投资家在投资企业之后，会参与企业许多的经营管理决策，例如公司人力资源政策的制定、股权激励计划的实施、高级管理人员的聘请等事项。研究显示，有风险投资支持的企业更加倾向于聘请外部职业经理人来替代公司创始人帮助管理公司，风投会协助创业企业招募管理者，聘任或解聘 CEO。伴随着风投声誉的提高，该公司的创始人被外部 CEO 替换的可能性也显著提高。这表明了风险投资在企业中所扮演的角色已经远远超过了一个传统的金融中介所扮演的角色（Hellmann 和 Puri，2002）。Lerner（1995）发现当公司的 CEO 被更换之后，公司对外部监管的需求将会增加，此时，风险投资在董事会中的表决权将会上升，从而充当了外部监督的角色。刘奎甫和茅宁（2016）以董事会中的独立董事在除当前公司之外的其他公司平均担任的 A 股上市公司独立董事数量作为度量企业董事会社会资本的代理变量，以我国沪深 A 股上市企业作为研究样本，研究了风险投资对上市企业董事会社会资本的影响。结果发现，风险投资的进入有助于提高被投资企业的董事会社会资本，从而帮助新创公司提高董事会治理的有效性，实现被投资企业的价值增值。

风险投资对上市企业的投融资行为也具有一定的影响。吴超鹏等（2012）以我国 A 股上市企业作为研究样本，对风险投资支持企业的投资效率和融资约束分别进行了检验。他们发现，相较于无风险投资支持的企业，有风险投资支持的企业自由现金流的过度投资现象较不严重，由于现金短缺而导致的投资不足问题也得到了相应的缓解。我国风险投资家不仅在企业上市前提供了资金支持，在企业上市后，也将帮助企业从银行或其他股东那里获得短期有息债务资本和权益资本，因此面临的融资约束远低于无风险投资支持的企业。风险投资还将对企业的研发创新活动产生一定的影响。Kortum 和 Lerner（2000）曾指出，一个行业研发专利数量的增加往往伴随着风险投资活动的增加，而受到风险投资支持的企业，其研发的专利质量也显著高于无风投背景的企业。苟燕楠和董静（2015）以我国中小板上市企业的研发专利情况作为研究对象，研究结果得出了和 Kortum 和 Lerner 相同的结论。无论从研发投入的角度来看，还是从专利数量的角度来看，有风险投资背景的企业在技术创新上的表现显著优于无风险投资背景的企业。与此同时，伴随着风险投资机构投资经验的增加，企业的研发投入也越发积极。

风险投资不仅对上市公司的研发创新、IPO 定价、高管薪酬等诸多方面具有影响，也会对上市公司并购行为产生影响。Arikan 和 Capron（2010）、Reuer 等（2012）等学者们集中研究风险投资对上市公司并购概率、并购溢价两个维度的影响。在并购过程中，风险投资的信号传递和溢出效应能够提升风险投资支持目标方在并购中的议价能力，从而降低并购溢价。投资期较短的风险投资具有强烈的逐利性，更倾向于在锁定期内抑制并购活动，表现为更低的并购概率；投资期较长的风险投资面对并购机会时则更加理性，不存在锁定期内抑制并购的行为（曹婷等，2015）。

2.3 企业并购绩效相关文献综述

伴随着世界并购浪潮的不断升温，有关并购是否创造价值的讨论一直是国内外学者所广泛关注的话题（张新，2003）。

从并购双方的角度出发，Jensen 和 Ruback（1983）提出了协同理论（Synergy Theory）认为如果并购双方具备一定的协同性，则并购能够提高主并方的价值。协同效应是指企业在并购之后的预期现金净流入远超过个别企业在并购前的现金净流入之和，即并购后企业的整体价值大于并购前不同企业价值的加总。Dutz（1989）认为企业在并购中的协同效应主要包括三个方面，分别是：经营协同性、财务协同性和管理协同性。Hovenkamp（1988）提出了市场力量假说（Market Power Hypothesis）认为企业通过并购可以加强对整个市场的控制力，提高了自身的市场份额。由于市场占有率的提升，并购方增强了对市场的垄断能力，从而通过并购获得了超额收益，提升了并购方的价值。

从并购方的角度出发，学者们分别提出了代理理论、自由现金流假说和高管过度自信假说用来解释并购方对企业并购绩效的影响。代理理论则认为，由于公司的所有权和经营权是分离的，所有者和经营者之间存在代理冲突。作为企业的经营者，管理层有动机通过并购来扩大企业规模，从而扩大管理者所掌控的资源，并在权利分配的过程中获得寻租空间。因此，代理理论认为并购将会带来企业价值的减损（Donaldson，1984）。自由现金流假说认为企业通常拥有一些在满足正常生产经营之后的现金流，为了控制企业的资源，也为了减少未来再融资的不确定性，公司管理层通常不会将自由现金流返还给股东。然而，在自由现金流的使用上，管理层和股东之间往往存在利益冲突。公司管理层可能会滥用自由现金流，将其投资于低收益甚至不能为企业创造收益的项目，例如进行一些不能为企业创造价值的并购（Jensen，1986）。高管过度自信假说则指出，高管的过度自信可能会导致企业在并购中支付过高的并购价格，从而导致并购因支付了高额成本而失败（Roll，1986）。March 和 Shapira（1987）的问卷调查结果也显示，高管经常容易低估企业内在的不稳定性，相信自己能够全面控制公司的运营发展，同时低估了投资或并购失败的可能性。

从目标方的角度出发，Megginson 等（2004）、李善民和周小春（2007）等学者们分别以目标方的一般特征、目标方是否为上市公司等为视角，研究了目标方对企业并购绩效的影响。目标方的行业特征将会对并购绩效产生影响。假若目标公司与并购方处于同一行业，行业相关并购将会提升并购方的市场占有率、扩大并购方的产品线或提高并购方的垂直整合能力；此外，同行业并购将会降低并购方对目标方的价值进行评估的难度，使并购估值准确的概率更高。因此，相比于不同行业的并购事件，同行业的并购将表现出显著更高的并购绩效。目标方所处的区域特征也会影响并购绩效。当目标方和并购方处于同一区域时，目标方和并购方的交流成本和信息收集成本将大大降低，因此，多数并购呈现出了“本地偏好”的现象。相较于异地并购，本地并购的并购绩效显著较高（Portes 和 Rey，2005；Giovanni，2005）。Fuller 等（2002）研究了目标方是否为上市公司对并购绩效的影响。他们的研究结果表明，收购的收益分配取决于目标的状态。当目标是一个公共公司，目标股东通常受益更多，当目标是私营公司或公司的子公司时，投标公司股东通常会获利。这表明并购行为中存在一定的“流动性”效应，当目标公司处于一个相对流动性不高的资产市场时，并购方出于流动性的考虑，对目标方支付的并购价格远不及当目标公司处于一个相对流动性较高的资本市场时（即当目标方是上市公司时）。

有些学者则从信息不对称的角度出发，对董事或高管个人的网络联结对并购绩效的影响展开了研究。Schonlau 和 Singh（2009）曾发现，当董事会有良好的网络关系时，他们可以通过自身的网络关系获取有关并购的信息，从而表现出较高的并购财务绩效。随着董事会网络关系的提升，该公司发起的并购将表现出更好的并购绩效。此外，与董事会网络关系最为亲近的公司，发起并购的概率和被收购的概率同样显著高于其他类型的公司，也更倾向于使用现金作为付款方式。这表明，董事会的知识和互动可以影响公司的绩效，董事会在公司经营中不仅扮演着监督角色，还同样发挥咨询作用。较好的董事会联结能够降低并购双方的信息不对称，降低并购成本，提高并购绩效。不同于 Schonlau 和 Singh 从整个董事会联结的角度出发来研究并购绩效，Schmidt（2009）、Chikh 和 Filbien（2011）、Fracassi 和 Tate（2012）等学者从董事与管理层的私人联结关系的角度出发，考察了董事联结对并购绩效的影响。Schmidt（2009）的研究指出，董事会保持一定的独立性并不总是符合股东的利益。当董事会的咨询建议作用比监督作用更重要的情况下，独立性将会降低企业价值。Schmidt 使用美国上市公司 CEO 与公司董事会成员之间的社会联结作为董事会独立性的代理变量，两者之间的社会联结越多，则董事会的独立性越差。研究发现，当董事会的咨询建议作用在并购中更为重要时，社会联结将与收购公告日的超额回报率呈正相关；当董事会的监督作用在并购中更为重要时，社会联结将与收购公告日的超额回报率呈负相关。Chikh 和 Filbien（2011）选择法国上市企业发起的并购事件作为研究样本，他们指出当并购公告日市场反应显著为负时，CEO 倾向于最终取消这项并购事件。然而，当 CEO 拥有较强的网络关系时，例如 CEO 拥有精英学校的校友关系，则 CEO 更有可能去完成一项市场反应为负的并购交易。Fracassi 和 Tate（2012）考察了公司董事和 CEO 之间的外部联结对企业并购的影响，结果发现，当董事和 CEO 之间的外部联结越多时，公司越有可能进行一些会减损企业价值的并购活动。我国学者陈仕华等（2013）从并购方与目标方之间的董事联结的角度出发，检验了董事联结对并购标的选择和并购绩效的影响。结果发现，当并购方与目标方之前存在直接或间接的董事联结时，该类目标方将更有可能成为并购标的。相较于并购双方之间无董事联结的并购交易，并购双方之间存在董事联结的并购交易短期并购绩效无显著差异，长期并购绩效则显著较好。当并购双方之间的董事联结是由内部董事形成时，董事联结对并购长期绩效的正向影响将更强。

产业生命周期理论则认为，企业所处的产业生命周期也会对企业的并购绩效产生影响。初创期、成长期、成熟期和衰退期是一个产业完整的生命周期，在产业生命周期的不同阶段，企业的特征和竞争优势将会有所变化，因此产业生命周期将会对并购绩效产生影响。学者 Weston 等（1990）就曾指出，“产业生命周期可以作为一种框架，用来指示公司在处于不同的生命周期阶段时应当采取何种并购类型”。Maksimovic 和 Phillips（2008）研究了产业生命周期对并购绩效的影响，结果发现，当一个企业被处于成长期的企业收购之后，该目标企业的经营效率将会明显提升。Anand 和 Singh（1997）以处于衰退阶段的美国国防工业企业作为研究样本，研究了处于衰退时期的企业不同并购类型的并购绩效差异，结果发现，当企业处于衰退期时，选择横向并购的企业并购绩效将显著优于选择多元化并购的企业。我国学者范从来和袁静（2002）利用我国上市企业发起的并购事件，研究了处于不同生命周期的企业应当选择何种并购类型。他们的研究发现，对于处于成长期的企业来说，最佳的并购类型为横向并购；对于处于成熟期的企业来说，最佳的并购类型为纵向并购；而对于处于衰退期的企业来说，最不应当选择的并购类型为横向并购。

还有一些学者从并购方的内部控制、企业文化等角度出发研究了并购方的其他特征对并购绩效的影响。代理冲突理论和高管过度自信假说都曾发现，高管在企业并购中发挥着重要作用。从作出并购决策、进行并购行为到整合并购后的资源，高管都在其中起着关键作用。而健全有效的内部控制是制约高管机会主义行为的关键机制，有效的内部控制可以约束高管的徇私偏好、盲目并购、感情并购等并购决策和行为，从而提升企业的并购绩效（杨道广等，2014）。赵息和张西栓（2013）的研究也证实了这一观点，并且他们的研究还发现，内部控制与高管权力之间存在着反向关系，当高管权力缺乏内部制衡时，并购将成为高管谋取私利的重要手段，从而使企业不能通过并购来实现价值增值。王艳和阚铄（2014）认为，企业文化从价值观上对企业的经营发展产生着重要影响。他们从企业组织行为特征的角度量化并购方的企业文化强度，研究了企业文化对并购绩效的影响。结果发现，当并购方的企业文化强度越强时，并购后的长期绩效表现就越差。而当目标方为非上市公司、与并购方处于不同行业、与并购方不处于同一省份时，并购双方进行并购后的企业文化融合的难度将加大，从而使并购方的文化强度对并购绩效的负面影响越强。

2.4　企业定向增发折价率相关文献综述

定向增发作为一种重要的股权再融资方式，一直受到市场的推崇。近年来，采用定向增发进行再融资的公司数量和融资规模都在不断攀升。定向增发中一个有趣的现象是增发价格相对于增发时的市场价格有着较高的折价。Wruck（1989）、Silber（1991）研究发现美国资本市场的定向增发价格相对于发行时的市价大约有 30% 的折价。国外学者主要从流动性限制、代理理论的利益协同性、信息不对称理论、管理者的机会主义行为等角度对该现象进行了解释。流动性限制假说认为，定向增发的发行对象仅涉及少数投资者，不参与定向增发的原有股东在定向增发后，对公司的所有权和未来价值索取权都将被稀释。为了保护原有股东的权益，定向增发通常会设置一定的禁售期，通过定向增发获取的股份必须在持有一定的期限之后才能在二级市场转让。因此，为了补偿禁售期不能转让股份的限制，给予认购者一定的折价是一种较好的处理方法（Krishnamurthy 等，2005）。

不过流通性限制假说在现实中遭遇了一定的瓶颈，即使无限售期的股票在现实中依然存在较高的发行折价。因此，学者们尝试从其他角度给予解释。Wruck（1989）指出，从代理理论的角度来看，当定向增发的对象为大股东时，定向增发后，大股东的所有权会有所提升。这意味着大股东与公司的利益更具有协同性，大股东监督管理层的激励也随之增强，从而缓解了代理冲突，并进一步提升了公司价值。为了补偿大股东监督公司管理层所付出的成本，定向增发偏好低价发行。从信息不对称的角度来看，新投资者与企业之间往往存在信息不对称。投资者在作出认购决策前，需要对公司的财务状况进行分析。为了获得公司信息，投资者需要花费一定的成本。因此，高折价是对挖掘企业价值信息的一种补偿。公司与投资者之间的信息不对称程度越高，发行折价也将越高（Hertzel 和 Smith，1993）。Barclay 等（2007）则认为，管理层的机会主义动机是造成高折价的主要原因。他们的研究发现，管理层倾向于将股份定向增发给那些消极的投资者。这些投资者在认购股票后通常不会积极参与或监督公司的经营管理活动，从而使管理者能够继续达到控制公司的目的。高折价是对消极投资者放弃行使公司管理权的一种补偿。

流动性限制是造成我国上市公司定向增发的高折价现象的原因之一。然而，更为重要的是，在我国定向增发过程中，折价率更多的是关系到各利益主体之间的利益分配。我国上市企业公司治理中，有别于西方国家的一个关键特征就是股权的过度集中。因此，在当前的资本市场制度背景下，学术研究形成的另一个共识是：在上市公司定向增发过程中，大股东与小股东之间的利益冲突是主要问题。大股东对上市公司存在"掏空"动机，通过定向增发实现对自身的利益输送。在理论研究方面，李刚（2014）将定向增发的利益博弈方划分为大股东、机构投资者和中小股东，并将定向增发划分为仅面向大股东的定向增发、仅面向机构投资者的定向增发、既面向大股东又面向机构投资者的定向增发三种情形，通过计算推导不同情形下定向增发各利益博弈方在增发前后的股权价值函数，预测各利益博弈方要求的定向增发价格边界。结果发现，无论定向增发是否创造新价值，在信息不对称的现实情况下，上市公司存在低价发行偏好。此外，彭韶兵和赵根（2009）以理论分析和实证分析证明了，我国上市公司进行定向增发不以融资为目的，定向增发存在一定的低价发行偏好，从而帮助大股东攫取小股东利益。他们分别将定向增发的基准价格（即定向增发基准日前 20 个交易日的股票收盘价的均值）与每股市场价值、增发前 2 年公司股票平均市场价格、增发前 2 年市场全部股票平均收益率和该公司所处行业的股票平均收益率进行对比，结果发现，定向增发的基准价格均明显小于后者。此外，他们还将定向增发划分为面向大股东的定向增发、面向机构投资者的定向增发和面向大股东及机构投资者的定向增发三种情况，分别对比了不同情况下发行价格相对基准价格的比例，结果发现，在定向增发发行价格相对基准价格的比例的表现上：面向机构投资者的定向增发 > 面向大股东及机构投资者的定向增发 > 面向大股东的定向增发。

在实证研究方面，何丽梅（2010）以我国上市公司 2006 年 5 月和 2008 年 12 月的定向增发为研究样本，分别使用发行日收盘价与增发价格的偏离程度、增发公告日后第 10 个交易日的收盘价与增发价格的偏离程度、增发公告日后 10 个交易日的平均收盘价与增发价格的偏离程度、增发公告日后 20 个交易日的平均收盘价与增发价格的偏离程度作为度量发行折价率的变量，结果发现我国上市公司定向增发存在 30% 的发行折价率。控股股东和关联股东参与的定向增发折价率显著高于非控股股东参与的定向增发折价率。随着控股股东认购比例的提高，定向增发折价率也会随之提高。当大股东的认购比例和原持股比例之差越大时，大股东认购的定向增发折价率越高，大股东通过定向增发进行的利益输送越明显。上述结论和徐寿福（2019）的研究结果相符，此外，徐寿福还发现，大股东可以选择使用现金、资产以及债券等多种形式进行认购，当大股东以资产方式进行认购时，定向增发的折价率显著高于其他认购方式时的折价率。徐寿福还以 2007 年 9 月作为时间分界点，将定向增发样本划分为《上市公司非公开发行股票实施细则》（以下简称《细则》）之前的样本和《细则》实施之后的样本，结果发现，由于引入了价格申报制度和价格优先原则，在《细则》实施之后，定向增发的折价率有显著变低。徐寿福和徐龙炳（2011）的研究指出，大股东的机会主义动机是造成我国上市企业定向增发高折价的主要原因。他们使用大股东认购比例与其原有持股比例的差额来度量大股东的机会主义行为，得到了与何丽梅（2010）相同的结论。此外，徐寿福和徐龙炳还发现，在《细则》出台之前，定向增发的折价率与定向增发基准价格之间无明显的相关性，但在《细则》出台之后，定向增发的发行价格与基准价格之间呈现显著的负相关性。这表明，在《细则》出台之后，即使基准价格已经确定，大股东可以通过调整发行价格相对于基准价格之间的比例来达到攫取上市公司和小股东利益的目的。

学者们在对定向增发高折价现象进行研究时，也提炼出了大股东通过定向增发进行利益输送的主要渠道。第一，通过压低增发基准价、提高折价率进行利益输送。朱红军等（2008）发现大股东可以操纵信息披露时间窗口乃至重要信息，在增发前借股改或重大资产重组等事件进行长期停牌，以降低增发的基准价，从而达到利益输送的目的。彭韶兵和赵根（2009）发现在定向增发期间，大股东通过释放利空消息、联手机构砸盘等"隧道挖掘"方式压低公司股票市价，实现利益输送。此外，上市公司倾向于选择股价低迷的时段发行股票，并通过停牌操控锁定股价实现利益输送（Huang 等，2016；黄叶苨等，2017；Melia 等，2018）。第二，通过注入劣质资产进行利益输送。例如，章卫东（2010）研究发现，控股股东通过以资产认购方式向上市公司注入被价值高估的资产以实现对自身的利益输送。第三，通过盈余管理进行利益输送。章卫东等（2011）、李增福等（2012）曾发现上市公司在面向大股东的定向增发前一年进行负向盈余管理，在面向机构投资者的定向增发前一年进行正向盈余管理。第四，通过定向增发后的高额现金派送及募集资金占用进行利益输送。Chen 等（2010）、赵玉芳等（2011）、Zhao 等（2015）研究发现，控股股东倾向于在定向增发前进行盈余管理以压低发行价，并在定向增发后派发高额现金股利，以实现对自身的利益输送。Jiang 等（2010）发现大股东将定向增发募集资金以其他应收款的方式进行侵占和转移，以实现利益输送。

大股东除了对上市公司存在“掏空”动机，还具备“支持”动机（Dow 和 McGuire，2009；Friedman 等，2003；Peng 等，2011；Jia 等，2013，李增泉等，2005；王浩和刘碧波，2011）。王浩和刘碧波（2011）构建了一个基于多期的定向增发模型，认为大股东在制定方案时存在支持上市公司的动机：为了获取未来更大的股权投资收益或以更低的成本进行大规模利益输送，大股东在当期可以选择支持上市公司。陈耿和杜烽（2012）也指出，控股股东在定向增发过程中，不仅存在“隧道挖掘”效应（掏空动机），还存在“利益协同”效应（支持动机）。“利益协同”效应会使大股东在定向增发中提高发行价格。随着大股东持股比例的增加，大股东与公司的利益趋同性越强，代理冲突越低，“利益协同”效应也将随之增加。然而，在定向增发过程中，“隧道挖掘”效应占据上风，因此，定向增发折价率与大股东参与度呈现正相关性。杜勇（2017）研究发现大股东参与的定向增发折价率与公司绩效并非呈现简单的线性关系，发行折价率低于某一临界值时，二者呈现负相关性，高于该临界值时则呈现正相关性，这表明大股东参与的定向增发并不是简单的掏空行为，亦存在支持行为。

王俊飚等（2012）从信息不对称的角度出发，研究了机构投资者持股对定向增发折价率的影响。他们指出机构投资者在市场中处于信息优势地位，机构投资者持股可以提高市场效率，减少市场对公司的信息不对称，从而有助于降低发行折价。吴井峰（2015）发现，机构投资者和分析师都能够缓解定向增发过程中的信息不对称，随着机构投资者和分析师的增多，定向增发的折价率有所下降。投资者信念异质性被认为是影响企业定向增发折价的一个因素（Wang 等，2013；Niu，2017）。

支晓强和邓路（2014）选用换手率和分析师分歧作为投资者异质性信念的代理变量，研究发现，当定向增发面向机构投资者时，我国上市企业的定向增发折价率与投资者异质性信念表现出显著的负相关性；当定向增发面向大股东时，定向增发折价率则与投资者异质性信念表现出显著的正相关性。

Glegg 等（2012）研究发现股价被高估的公司在定向增发时倾向于表现出更高的发行折价。Erhemjamts 和 Raman（2012）发现上市公司聘请高声誉承销商进行股票承销有助于降低定向增发折价率。Lin 等（2013）指出分析师乐观情绪是影响定向增发价格的决定因素。Chen 等（2015）指出风险和股票流动性是决定定向增发折价率的因素。Finnerty（2013）、马文杰等（2018）则认为，定向增发赋予了投资者一个由选择认购时机的“认购权证”和认购后获得的“成长期权”所组成的“复合期权”，选择期权的最优行权条件决定了增发日的折价率。基于我国特殊的资本市场制度，彭韶兵等（2018）指出高额的政府补贴是助推定向增发高折价的因素。

2.5 文献综述小结

以上文献综述表明，在研究风险投资对企业 IPO 定价效率的影响时，目前学术界尚存在认识分歧。唐运舒和谈毅（2008），张学勇和廖理（2011）认为风险投资持股通过认证效应和监督效应能够降低 IPO 首日折价率；Chemmanur 和 Loutskina（2006），李曜和王秀军（2015）则认为风险投资的市场力量能够提高 IPO 的首日折价率；陈工孟等（2011），汪炜等（2013）则认为风险投资对 IPO 的首日折价率不产生影响。尚未有学者关注风险投资的社会资本将如何影响 IPO 首发折价率。本书将在前人研究的基础上，探讨风险投资与券商保荐机构之间的合作关系及其对 IPO 抑价率的影响。

在研究影响企业并购绩效的因素时，我国学者大多试图从并购方（代理理论、自由现金流假说和高管过度自信假说）、目标方（目标方的行业特征、区域特征、是否上市等）、并购双方之间的关系（并购双方之间的协同效应、高管联结）等角度出发来研究“并购是否创造价值”的课题，未见有学者关注作为企业重要原始股东之一的风险投资股东将会如何影响并购绩效。本书将在前人研究的基础上，探讨风险投资及风险投资相关特征对并购绩效的影响。

在研究影响企业定向增发折价率的因素时，可以发现，我国上市企业的定向增发过程更多地表现为大股东和小股东之间的利益分配。对于创业板上市企业来说，最为重要的特征就是其利益分配的主体可能包含着风险投资这一原始股东。李曜和王秀军（2015）发现风险投资具备的认证效应和监督筛选功能可以帮助上市企业在 IPO 时更准确的进行定价，刘奎甫和茅宁（2016）发现风险投资可以提高新创公司的董事会社会资本，付雷鸣等（2012）发现风险投资可以提高企业的研发创新能力。可见，风险投资对被投企业的公司治理有着重要影响，那么，作为企业的原始股东之一，风险投资势必会对定向增发发行价格的确定产生影响。因此，在研究上市企业的定向增发定价时，引入风险投资者具有一定的理论意义与现实启示。本书将在前人研究的基础上，探讨风险投资在不同定向增发情形下对定向增发折价率的影响。

2.6　实证计量基础

在公司金融计量研究中，经常会存在一些技术性问题。本书将采用一些常见的实证计量方法来解决公司金融计量研究所常见的一些问题。例如，本书将使用倾向得分匹配技术来解决计算处理效应时可能存在的选择性偏误，使用事件研究法来计算并购事件所带来的并购绩效，使用 Heckman 两阶段模型来解决实证回归中可能存在的样本选择偏误和自选择问题等。具体的方法如下。

2.6.1 内生性问题的处理方法

在公司金融计量模型中，经常会遇到的一个问题就是模型可能产生的内生性问题。所谓内生性是指在回归分析当中，解释变量无法满足与干扰项不相关的假定，从而使最小二乘法（OLS）或最大似然估计法（MLE）估计回归的结果存在一定的偏误。内生性问题的主要来源包括三种：第一种为互为因果关系造成的内生性问题，例如，学习成绩好的学生自习时间一般较长，而自习时间长也会导致学习成绩好，因此，学习成绩和自习时间长短之间互为因果关系；第二种为遗漏变量造成的内生性问题，例如公司金融中经常出现的自选择偏误[①]问题；第三种为衡量偏误所造成的内生性问题，例如在研究投资—现金流敏感性问题时，投资机会是影响企业投资行为的解释变量，学术界一般采用托宾 Q 来衡量投资机会，然后，使用托宾 Q 来衡量投资机会存在一定的衡量偏误，这种衡量偏误可能会造成对投资—现金流敏感性问题研究结论的不一致。

基于上述公司金融中可能存在的内生性问题，计量经济学家研究了一系列的方法来控制内生性问题可能对模型结果产生的影响。目前，主要包括以下几种方法：工具变量法、Heckman 选择模型、处理效应（Treatment Effect）模型、双重差分模型、倾向得分匹配分析、断点回

① 自选择偏误是由于某些观测不到的信息或私人信息所导致偏误。例如，在研究性别差异对收入的影响时，只有那些选择了参加工作的女性才能观测到收入。

归设计等方法。本书主要使用倾向得分匹配和 Heckman 两阶段模型来处理内生性问题。

1. 倾向得分匹配技术（Propensity Score Matching，PSM）

（1）处理效应和选择性偏误。

倾向得分匹配技术是使用观测数据或非实验数据来进行处理效应[①]分析的一种统计方法，该方法能够解决不同组别之间特征变量的可比性问题，是近年来广泛应用于经济学、医学、统计学等多种学科的一种方法。

例如，假如我们想要研究参加就业培训是否会对就业者的工资收入产生差异。我们将参加了就业培训的就业者组成的样本组称为“实验组”或“处理组”（treatment group），将未参加就业培训的就业者组成的样本组称为“控制组”或“对照组”（control group）。为了得到就业培训对就业者收入的影响，一种比较直观的做法是将实验组的平均工资收入减去控制组的平均工资收入。然而，这种做法大多数情况下得到的结论可能是参加就业不能提高工资收入。造成这种结果的原因在于，是否参加就业培训具有较强的“自选择性”。一般来说，那些自身能力较强、学历背景过硬的就业者即便不参加就业培训也能够得到一份待遇不错的工作，而选择参加就业培训的就业者大部分是那些在就业市场上处于劣势，需要通过就业培训来提高自身竞争能力的人。这种实验组和控制组成员之间存在的初始条件之间的本质差异往往会造成样本的“选择偏误”。此外，我们真正感兴趣的是，那些选择参加了就业培训的就业者在培训之后工资收入的变化情况。

① 在经济学中，我们时常希望能够评估某项政策实施之后所产生的影响或效应，比如，政府推进遗产税改革对房地产交易的影响。该类研究被形象地称为“项目效应评估”（Program Evaluation），而该项目的效应就是本书所指的“处理效应”（Treatment Effect）。

基于以上事实，Rubin（1974）年提出了“反事实框架”，称为“鲁宾因果模型”（Rubin Causal Model，RCM）用来描述如何准确度量处理效应。假设虚拟变量 $D_i = \{0,1\}$，表示个体是否参加了就业培训，若参加，$D_i = 1$，否则，$D_i = 0$。因此，对于每个个体 i，其未来的收入 y_i 存在以下两种状态：

$$y_i = \begin{cases} y_{1i}\ ,\text{若 } D_i = 1 \\ y_{0i}\ ,\text{若 } D_i = 0 \end{cases} \tag{2.1}$$

其中，y_{1i}代表参加就业培训的个体 i 的收入，y_{0i}代表未参加就业培训的个体 i 的收入。我们想要得到的处理效应为 $y_{1i} - y_{0i}$，代表个体 i 在参加就业培训前后收入的变化。然而，个体 i 要么参加培训，要么不参加培训，因此对于同一个个体 i 来说，y_{1i}和 y_{0i}不可能同时存在。

将式（2.1）表述成分段函数，则得到如下表达式：

$$y_i = (1 - D_i) y_{0i} + D_i y_{1i} = y_{0i} + (y_{1i} - y_{0i}) D_i \tag{2.2}$$

其中，D_i 前的系数 $y_{1i} - y_{0i}$ 就是所关注的个体 i 的处理效应。由于不同可能个体的处理效应一般不同，因此我们一般关注其平均值，即所有个体的参与者的平均处理效应（Average Treatment Effect，ATE），如式（2.3）所示：

$$ATE = E(y_{1i} - y_{0i}) \tag{2.3}$$

ATE 计算的处理效应包含了所有的就业者，无论该就业者是否参与项目培训。我们更加关注那些参加了项目培训的就业者平均收入的变动，即参与者的平均处理效应（Average Treatment Effect on the Treated ATT），如式（2.4）所示：

$$ATT = E(y_{1i} - y_{0i} \mid D_i = 1) \tag{2.4}$$

由于 y_{1i} 和 y_{0i} 不能同时观测，若简单地使用参与者与未参与者的未来收入之差来衡量处理效应，则会造成选择性偏差：

$$E(y_{1i} \mid D_i = 1) - E(y_{0i} \mid D_i = 0) = E(y_{1i} \mid D_i = 1) - E(y_{0i} \mid D_i = 1) + E(y_{0i} \mid D_i = 1) - E(y_{0i} \mid D_i = 0) \quad (2.5)$$

其中，$E(y_{0i} \mid D_i = 1) - E(y_{0i} \mid D_i = 0)$ 便为选择性偏误。

（2）匹配估计的基本思想。

匹配估计假设对于每个个体 i，除了可以观测到的变量（y_i, D_i）之外，还存在一些个体 i 的特征变量，例如年龄、性别、学历、培训前收入等。将这些变量记为可测向量 x_i，若属于实验组的个体 i 的可测向量 $x_i \approx$ 属于控制组的个体 j 的可测向量 x_j，则我们认为个体 j 就是个体 i 的匹配个体。

由于个体 i 只能存在一种状态，为了解决这种问题，匹配估计使用与个体 i 相匹配的控制组个体 j，并将控制组个体 j 在未参加培训时的收入作为个体 i 未参加培训时的收入的估计值，以此来计算处理效应，即 $y_{0j} = \hat{y}_{0i}$。此时参与者的平均处理效应为 $E(y_{1i} \mid D_i = 1) - E(y_{0j} \mid D_j = 0)$。我们观测到的个体 i 属于实验组，个体 j 属于控制组，因此存在 $E(y_{1i} \mid D_i = 1) = y_i$，$E(y_{0j} \mid D_j = 0) = y_j$，处理效应 $= y_i - y_j$。

采用不同的匹配方法，得到的匹配结果也不尽相同。在使用匹配方法进行具体匹配时，有两个技术性细节。第一个技术性细节是考虑是否放回，如果采用不放回匹配，则每次匹配成功的个体（i，j）将从总体中删去，不再参与下一次的匹配；如果有放回，则每次匹配成功的个体（i，j）将重新被放回样本中，参与下一次的匹配，有放回的匹配有可能导致某个个体 j 是多个实验组个体 i 的匹配样本。第二个技术性细节是考虑是否允许并列，例如，来自控制组的样本 j 和样本 k 均是实验组个体 i 的匹配样本，如果允许并列，则通常取样本 j 和样本 k 的收入均值作为 y_{0i} 的估计量，若不允许并列，取第一个匹配成功的控制组个体作为匹配样本，则个体i的匹配样本与样本的排列顺序有关[①]。

匹配时，允许一对一（one－to－one）的匹配，也允许一对多的匹配。比如，进行一对三的匹配，即针对每个实验组个体i寻找到可测向量与x_i最为接近的三个控制组个体，然后取这三个个体的收入均值作为y_{0i}的估计量。

（3）倾向得分匹配。

若匹配时的可测向量x_i仅包括一个变量，则进行匹配时仅需在一维上进行配对，较为直观和简单。但通常来说，可测向量包含多个变量，此时若直接使用向量x_i进行匹配，则需要在高维度上进行匹配。统计学家 Rosenbaum 和 Rubin（1983）所提出的倾向性得分匹配技术就是解决高维度可测向量匹配问题的方法之一[②]。

个体i的倾向性得分为个体i在可测向量x_i给定的情况下，个体i进入实验组的条件概率，即$p(x_i) \equiv p(D_i = 1 \mid x = x_i)$。在计算个体的倾向性得分时，可以使用参数估计法，例如 Probit 模型或 Logit 模型，也可以使用非参数估计法，其中使用 Logit 模型进行估计是目前学术界最为流行的方法。倾向得分匹配技术的优点在于倾向性得分的取值介于［0，1］之间，即便可测向量x_i和x_j的距离很远，但仍可能有$p(x_i) \approx p(x_j)$。倾向得分匹配的步骤如下。

第一，选择可测向量x_i。可测向量x_i应当为一组对变量（y_{0i}，y_{1i}）和D_i相关的变量，应当尽量将所有影响变量（y_{0i}，y_{1i}）和D_i的可测变量均包含在x_i。遗漏可测变量将会导致估计误差。

---

① 在不允许并列的情况下，通常需要先将个体进行随机排序。随机排序的一般方法是生成一组随机数，然后按照该组随机数对样本进行排序。

② 除了倾向性得分匹配之外，马氏匹配也可以用来解决高维度匹配问题，但马氏匹配在可测向量x_i包含的变量较多或样本容量较小时，不易找到匹配样本。

第二，估计总体中所有个体（包含控制组样本和实验组样本）的倾向性得分，一般使用 Logit 模型进行估计。

第三，进行倾向性得分匹配。在进行倾向性得分匹配时，存在不同的具体方法。方法之一为按照近邻匹配法，即选择的匹配样本 j 为倾向性得分“最接近”实验组个体 i 的部分个体，然后计算这些匹配样本的简单算术平均数，作为 y_{0i} 的估计量。按照对“最接近”的不同定义，近邻匹配法又包含三种方法，分别是 k 近邻匹配、卡尺匹配和卡尺内最近邻匹配。方法之二为整体匹配法，每个实验组个体 i 的匹配样本为控制组的所有个体 j，只是在计算 y_{0i} 的估计值时是根据控制组个体 j 偏离实验组个体 i 的距离赋予不同的权重进行计算。根据在计算权重时所采用的不同方法，整体匹配法包括核匹配、局部线性回归匹配和样条匹配三种方法。

第四，根据匹配后的样本计算平均处理效应。

2. Heckman 两阶段模型

对于线性回归模型 $y_i = x_i'\beta + \varepsilon_i$ 来说，由于某种原因，导致只有满足 $y_i \geqslant c$ 的被解释变量才能观测到数据，而当 $y_i < c$ 时，不能观测到数据，这种现象被称为断尾。有时，被解释变量 y_i 断尾和另一个变量 z_i 有关，这被称为偶然断尾或样本选择偏误，称变量 z_i 为选择变量。

例如，在美国的亚裔移民经常给人聪明能干的印象。但是，美国的亚裔移民不能代表所有的亚洲人口，通常，只有受过高等教育或具有吃苦冒险精神的亚裔才会选择移民。因此，观测到的数据存在偶然断尾。决定亚裔是否移民的变量便对被解释变量产生了断尾作用。这种偶然断尾或样本选择偏误将导致 OLS 估计产生选择性偏差①。

① 选择性偏差的公式如式（2.5）所示。

为了纠正这种选择性偏差，考虑一个二维正态随机向量（y, z），其期望为(μ_y,μ_z)，标准差分别为(σ_y,σ_z)，相关系数为ρ，联合密度概率为f（y, z）。假设决定个体是否移民为"选择变量z大于某个常数c"，显然，断尾后的联合分布为

$$f(y,z \mid z > c) = \frac{f(y,z)}{p(z > c)} \tag{2.6}$$

将式（2.6）中的z积分掉，可以证明偶然断尾y的条件期望为

$$E(y \mid z > c) = \mu_y + \rho\,\sigma_y\lambda[(c - \mu_z)/\sigma_z] \tag{2.7}$$

其中，$\lambda(\cdot)$为逆米尔斯（IMR）函数。类似地，在"$z<c$"的条件下，偶然断尾y的条件期望为

$$E(y \mid z < c) = \mu_y - \rho\,\sigma_y\lambda[(\mu_z - c)/\sigma_z] \tag{2.8}$$

假设回归模型为$y_i = x_i'\beta + \varepsilon_i$，其中，被解释变量$y_i$是否可以观测取决于二值选择变量$z_i$，如式（2.9）所示：

$$y_i = \begin{cases} \text{可观测}, \text{若 } z_i = 1 \\ \text{不可观测}, \text{若 } z_i = 0 \end{cases} \tag{2.9}$$

而决定二值选择变量的条件如式（2.10）所示：

$$z_i = \begin{cases} 1, \text{若 } z_i^* \geqslant 0 \\ 0, \text{若 } z_i^* < 0 \end{cases} \tag{2.10}$$

其中，z_i^* 为不可观测变量。假设μ_i服从正态分布，则z_i为Probit模型，因此$p(z_i = 1 \mid w_i) = \Phi(w'_i\gamma)$。可观测样本的条件期望为

$$\begin{aligned} E(y_i \mid y_i \text{ 可观测}) &= E(y_i \mid z_i^* > 0) = E(x'_i\beta + \varepsilon_i \mid w'_i\gamma + \mu_i > 0) \\ &= E(y_i \mid z_i^* > 0) = E(x'_i\beta + \varepsilon_i \mid \mu_i > -w'_i\gamma) = x'_i\beta \\ &\quad + E(\varepsilon_i \mid \mu_i > -w'_i\gamma) = x'_i\beta + \rho\,\sigma_\varepsilon\lambda(-w'_i\gamma) \end{aligned} \tag{2.11}$$

其中，$E(\varepsilon_i) = E(\mu_i) = 0$，并将 *Probit* 扰动项的标准差$\sigma_\mu$标准化为1。

显然，如果直接使用 OLS 进行估计，则将遗漏非线性项 $\rho\ \sigma_\varepsilon\lambda(-w'_i\gamma)$。一般来说，$w_i$和 x_i相关性不为 0，因此 OLS 的估计是不一致的，除非$\rho=0$。考察解释变量 x_{ik}变动的边际效应可知：

$$\frac{\partial E(y_i \mid z_i^* > 0)}{\partial x_{ik}} = \beta_k + \rho\ \sigma_\varepsilon \frac{\partial \lambda(-w'_i\gamma)}{\partial x_{ik}} \tag{2.12}$$

其中，右边第一项为 x_i对 y_i的直接影响，右边第二项为通过改变个体进入样本的可能性而产生的间接影响（即选择性偏差）。

如果知道 γ，就知道 $\lambda(-w'_i\gamma)$，从而可以将其作为解释变量引入回归方程中。基于这种思想，Heckman（1979）提出了两步估计法，也称为 Heckman 两阶段模型。

第一步，用 Probit 估计方程 $p(z_i = 1 \mid w) = \Phi(w_i'\gamma)$，得到估计值 $\hat{\gamma}$，计算得到 $\hat{\lambda}(-w_i'\hat{\gamma})$。

第二步，使用 OLS 回归 $y_i \xrightarrow{OLS} x_i, \hat{\lambda}_i$，得到估计值 $\hat{\beta}$、$\hat{\rho}$、$\hat{\sigma}_\varepsilon$。

2.6.2 事件研究法

1. 事件研究法的基本思想

事件研究法是用来研究当市场上存在突发事件时，该突发事件对股票价格波动是否产生影响、是否会产生“超额收益率”（Abnormal Return Rate）的一种统计方法。通过使用事件研究法，我们可以借此判断股票价格的波动是否与该突发性事件之间存在相关性。

事件研究法最早是由学者 Dolly（1933）开创的，他采用事件研究法对 1921—1931 年的 95 个样本进行研究，用于考察股票分割所产生的股价效应。随后，Myers 和 Bakay（1948）、Barkay（1956）、Ashley（1962）等学者相继对事件研究法进行了发展和完善。Ball 和 Brown

（1968）、Fama 等（1969）使事件研究法更为成熟。Ball 和 Brown（1968）是最早使用累计超额回报率的方法来检验年报中的会计信息含量是否对股票价格产生影响的学者。

事件研究法的理论基础是：当市场是一个充满理性的市场时，某个事件的发生对企业的影响会在相对较为短暂的一段时间内反映在该公司的股票价格上。即事件研究法是基于市场是有效的这一基本假定，公司的股票价格能够反映所有已知的共有信息。与此同时，股票市场的参与者也是理性的，理性的投资者对该信息会作出相应的反应，因此，相对于该事件发生之前投资者持有该股票所获得的正常收益（Normal Return），事件发生之后，股票投资者将会获得超额收益率（Abnormal Return Rate）。

事件研究法的核心在于对期望收益的估计。目前来说，共有三种模型经常被学者用于估计股票的期望收益，分别是：均值调整模型、市场调整模型和市场模型。Brown 和 Warner（1980，1985）使用随机抽样的方法采用月度数据和日数据对该三种模型进行了比较。目前，学术界多数学者均倾向于采用市场模型来对期望收益进行估计。

2. 事件研究法的步骤

（1）定义事件。

事件研究法的第一步便是定义事件，即需要确定所要研究的具体事件和该事件相关的研究信息，并需要确定事件的窗口期、估计期。

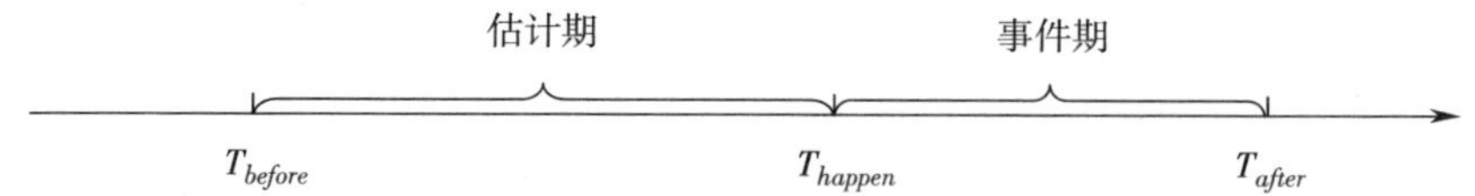

图 2.1 事件研究法的相关定义

图 2.1 准确定义了一个事件。估计期为事件发生之前的一段时间，即图 2.1 中所示的 T_{before} 到 T_{happen} 之间的时间段；事件期则为事件发生前后的一段时间，即图 2.1 中所示的 T_{happen} 到 T_{after} 之间的时间段。参考前人学者的做法（Warner，2007），我们使用事件期内的累计超额回报率来度量事件的发生对事件主体的影响，例如，并购宣告对股票收益率的影响。为了避免事件的发生对估计模型的参数产生影响，一般来说，估计期与事件期之间不能发生重叠。估计期时间的长短选取并无客观的依据或标准，过短的估计期会导致模型参数的估计不够准确，过长的估计期又可能会因为数据结构发生变化而导致参数估计值发生变化，因此，估计期的选择不宜过长，也不宜过短。一般来说，T_{happen} 可以为 $t=0$ 的时点，也可以是 $t=0$ 的前几天。

（2）正常与异常收益的定义和估算。

我们将在事件发生之后，股票的预期收益定义为正常收益，事件发生之后股票的实际收益与正常收益之间的差额定义为异常收益。为了计算股票的正常收益，即股票的预期收益，需要使用一些计量模型，并使用相应的方法对模型中的有关参数进行估计。目前，学术界较多使用的三种计量模型分别为：均值调整模型、市场模型和市场调整模型。三种模型的具体方法如下：

第一种，均值调整模型。

均值调整模型假设在事件期内，股票的期望收益是一个常数，而该常数等于在估计期内该股票收益率的平均值，即

$$E(R_i) = \frac{1}{L}\sum_{l=0}^{L} R_{il} \tag{2.13}$$

其中，$E(R_i)$ 代表的是事件期内该股票 i 的期望收益，L 为估计期的时间长度，R_{il} 为估计期内该股票 i 在时间 l 的实际收益率。

因此，在使用均值调整模型时，股票 i 在事件期内时刻 t 的超额收益率（AR，Abnormal Return Rate）为

$$AR_{it} = R_{it} - E(R_i) \tag{2.14}$$

其中，R_{it} 为股票 i 在事件期时刻 t 的实际收益率。

由于事件期一般为事件发生前后的一段时间，因此股票 i 在事件期内的累计超额收益率（CAR，Cumulate Abnormal Return Rate）为

$$CAR_i = \sum_{t=1}^{T} (R_{it} - E(R_i)) \tag{2.15}$$

第二种，市场模型。

市场模型假定事件期内股票的预期收益率和相同时期内市场收益率之间存在如式（2.16）所示的线性关系。

$$E(R_{it}) = \alpha_i + \beta_i R_{mt} \tag{2.16}$$

其中，$E(R_{it})$ 代表的是事件期内该股票 i 在时期 t 的期望收益，R_{mt} 为事件期内 t 时刻的市场收益率。为了得到股票的预期收益率，我们需要准确知道式（2.16）中的参数 α_i 和 β_i 的具体数值。在估计期内，股票的预期收益率和市场收益率之间仍满足上述式（2.16）所表述的线性关系。由于“事件”尚未发生，因此在估计期内，股票的预期收益率和实际收益率的期望应当相等，因此，存在如式（2.17）所示的线性关系：

$$R_{il} = \alpha_i + \beta_i R_{ml} + \varepsilon_{il} \tag{2.17}$$

其中，R_{il} 为估计期内该股票 i 在时间 l 的实际收益率，R_{ml} 为估计期内时刻 l 的市场收益率，ε_{il} 为残差项。使用估计期内的 l 期的数据对式（2.17）进行线性回归，可以得到参数 α_i 和 β_i 的估计值，将得到的估计值代入式（2.16）可以得到在事件期内股票的预期收益率。

因此，在使用市场模型时，股票 i 在事件期内时刻 t 的超额收益

率为

$$AR_{it} = R_{it} - E(R_{it}) \tag{2.18}$$

由于事件期一般为事件发生前后的一段时间，因此股票 i 在事件期内的累积超额收益率为

$$CAR_i = \sum_{t=1}^{T} (R_{it} - E(R_{it})) \tag{2.19}$$

第三种，市场调整模型。

市场调整模型假定事件期内的股票的预期收益率等于相同时刻市场收益率，即

$$E(R_{it}) = R_{mt} \tag{2.20}$$

因此，在使用均值调整模型时，股票 i 在事件期内时刻 t 的超额收益率为

$$AR_{it} = R_{it} - R_{mt} \tag{2.21}$$

其中，R_{it} 为股票 i 在事件期时刻 t 的实际收益率。

由于事件期一般为事件发生前后的一段时间，因此股票 i 在事件期内的累计超额收益率为

$$CAR_i = \sum_{t=1}^{T} (R_{it} - R_{mt}) \tag{2.22}$$

第3章
风险投资对创业板企业 IPO 定价效率的影响

——基于风险投资与券商联盟的视角

本章对风险投资和券商保荐机构之间的联盟关系进行了定义，并对这种联盟关系将如何影响企业在 IPO 过程中的定价原理进行了理论分析和实证检验。首先，本章依赖实际统计数据，对风险投资和保荐机构之间是否存在联盟关系给出了定义；然后依托经济学原理对这种联盟关系将如何影响企业的 IPO 定价效率进行了理论分析，并得出研究假设；随后采用创业板数据对上述假说进行了经验分析；最后得出本章的研究成果并给出相应的政策建议。

3.1 引言

风险投资在帮助被投资企业、推进创新创业、促进我国经济转型中发挥重要作用。风险投资能够发挥价值增值作用的重要原因之一是风险投资被认为具有网络关系资本，其与政府、银行、券商、同业等都具有重要关联，甚至在中国，风险投资被认为可能拥有政治资源（Francis

等，2009；Cao 等，2014）。风险投资拥有的这些关联关系都构成了其重要的社会资本（李占强，2012；王玉冬等，2012；梁上坤等，2015）。其中，风险投资与券商的关系值得重点关注。因为在风险投资支持企业实现 IPO 退出的过程中，必然会聘用承销保荐机构。研究风险投资与券商的联盟关系，既可以使我们理解风险投资的社会资本，探究风险投资价值增值机制的来源；又可以使我们分析新股的发行定价效率，进一步思考新股折价这一金融学经典问题的成因。由于新股发行过程中信息全部公开披露，新股的股权结构、承销商、发行价格和市场定价等均可观察，风险投资与券商在新股发行过程的联盟关系十分方便进行研究。本章提出以下问题：（1）在新股发行中，风险投资和券商存在长期合作关系吗？（2）如果存在，这种长期结盟关系对新股定价有何影响？

关于新股 IPO 定价效率的文献汗牛充栋，张学勇和廖理（2011）、陈工孟等（2011）、汪炜等（2013）研究了风险投资支持企业的 IPO 定价效率。特别是在我国新生的创业板市场中，风险投资支持的新股占据一半以上，不断有论证风险投资对创业板新股定价效率的文献，如李曜和张子炜（2011）、汪炜等（2013）、宋芳秀和李晨晨（2014）提出的认证说、逐名说、市场力量说等假说分别从风险投资的不同特征角度来解释风险投资持股企业的 IPO 定价效率。

认证说（Certification）认为风险投资作为专业的金融投资机构，其参股公司这一信息本身就说明被投资公司具备一定的投资价值，向市场其他投资者传递了信号，降低了投资者与被投资公司之间的信息不对称（Chemmanur 和 Loutskina，2006；Megginson 和 Weiss，1991）。逐名说（Grandstanding）认为风险投资特别是年轻的风险投资者为追求声誉效应而尽可能早地推动企业上市，但提早上市需要以 IPO 折价为代价（Gompers，1996；Lee 和 Wahal，2004）。市场力量说（Market Power）

认为风险投资作为经验老到的投资者，能够在二级市场上吸引更多的投资机构关注其参股的公司，从而发挥市场力量（Chemmanur 和 Loutskina，2006）。

李曜和王秀军（2015）通过我国创业板市场数据为基础进行的实证研究发现：一方面，风险投资对一级市场上的新股定价具有认证作用，能够缓解企业与投资者之间的信息不对称，降低内在折价率和 IPO 折价率；另一方面，风险投资还具有市场力量，能够吸引更有声誉的承销商、更多的投资者和分析师关注，提高市场反应率和 IPO 折价率。

但是，风险投资的这种一级市场的认证效应和二级市场的关注效应是如何产生的呢？其背后的问题就是，风险投资是否会与承销商、询价机构（基金、券商、保险等）等结成长期稳定的伙伴关系，这种伙伴关系降低了新股的信息不对称程度？并提高了新股上市后的市场定价？

在 2009 年 10 月 30 日至 2012 年 11 月 26 日我国创业板市场运行的前三年期间，共有 123 个风险投资机构参股的 207 家公司成功上市，参与这些 IPO 公司的承销保荐机构家数为 62 家，其中有 14 家风险投资机构与同一家券商保荐机构合作过两次及两次以上。笔者认为，在风险投资的退出阶段，风险投资与保荐机构之间可能存在长期稳定的伙伴关系。因为，每一家企业的 IPO 只有一次，但是作为企业股东的风险投资却是新股发行市场上的常客，作为一种金融机构，风险投资会特别重视建立自己的声誉，这是为了被投企业的成功发行。那么，风险投资会协助被投企业选择什么样的券商呢？它是在被投企业的每次发行中更换券商还是保持与一家券商的长期合作关系呢？如果保持长期合作关系，这种风险投资与券商保荐机构之间的伙伴关系，对被投资公司的 IPO 发行定价效率和首日折价率会造成何种影响呢？进一步地，风险投资应该与券商保持长期稳定的伙伴关系吗？以上是本章要回答的问题。

3.2　理论基础和研究假设

3.2.1　IPO 首日发行折价率的指标分解

对于新股定价效率的研究，传统首日折价率的逻辑前提是二级市场首日收盘价为合理定价，因此折价率可以检验一级市场定价是否偏离理性价值。但我国学者伍燕然和韩立岩（2007）指出，新股上市首日定价存在情绪因素而体现为非理性，刘煜辉和熊鹏（2005）指出，一级市场定价因存在审核制度等并不理性，因此需要构造新的变量来反映新股的定价效率。

为了解决传统首日折价率所隐含的市场有效前提条件可能不成立的问题，本书将首日折价率分解为一级市场的“内在折价率”（Intrinsic Underpricing Rate）和二级市场的“市场反应率”（Market Reaction Rate）两个部分，通过设置两个变量来分别刻画一级市场和二级市场的定价效率，分别如式 3.1—3.3 所示。

$$Intrinsic\_up_i = \frac{IV_i - Offer\ Price_i}{Offer\ Price_i} \tag{3.1}$$

$$MarketR_i = \frac{Closing\ Price_i - IV_i}{IV_i} \tag{3.2}$$

$$Underpricing_i = \frac{Closing\ Price_i - Offer\ Price_i}{Offer\ Price_i} \tag{3.3}$$

其中，$Offer\ Price_i$ 为新股 i 的发行价，$Closing\ Price_i$ 为新股 i 的上市首日收盘价。$Intrinsic\_up_i$ 为上市公司 i 的内在折价率；$MarketR_i$ 为 i 公司的上市首日市场反应率，与 Purnanandam 和 Swaminathan（2004），Yeh、Shu 和 Guo（2008），李曜和王秀军（2015）等的定义相同。*Underpric-*

ing_i为上市公司 i 的传统首日折价率，即 IPO 首日收盘价偏离发行价的幅度。

为了计算新股发行的内在折价率和市场反应率，首先应当估算新股的每股内在价值。本书采用 Purnanandam 和 Swaminathan（2004），Yeh、Shu 和 Guo（2008）的计算方法来估算，具体步骤如下。

第一步：使用倾向得分匹配方法寻找匹配公司。

本章所选取的目标公司为创业板上市公司，由于创业板是一个新兴市场，估值具有自身特征，因此选取创业板公司自身作为目标公司的匹配样本。但初期匹配样本较少，本书采用滚动匹配法进行匹配，具体做法如下。

首先以 2009 年 10 月 30 日于创业板上市的第一批 28 家公司作为 2010 年第 1 季度上市的 29 家创业板公司的配对参照系，其次以 2009 年 12 月 31 日前在创业板上市的 36 家公司作为 2010 年第 2 季度上市的 10 家 IPO 公司的配对参照系，再以 2010 年第 1 季度前上市的创业板 65 家公司作为 2010 年第 3 季度上市的 25 家 IPO 公司的配对参照系，以后 IPO 公司的配对参照系依此类推（即向后间隔 1 个季度）。需要指出的是，考虑到不同行业之间的公司价值存在较大差异，因此使用同行业的匹配公司作为目标公司的配对参照系，即本书将样本划分为不同行业，分别对不同行业的目标企业进行倾向性得分匹配。行业划分准则与 Wind 数据库的一级行业分类准则相同。按照式（3.4）分行业计算不同企业的倾向性匹配得分[①]。

$$P(Target = 1)_i = \alpha + \beta_1 Sale_i + \beta_2 Ebitda_i + \varepsilon_i \tag{3.4}$$

其中，$Target$ 表示是否为 IPO 目标公司（$Target = 1$ 表示该公司为 IPO

① 使用创业板自身企业作为配对组进行倾向得分匹配的配对结果如本书附录 A 所示。

目标企业；$Target=0$ 表示该公司为创业板配对参照系公司）。$Sale_i$代表公司 i 在上市前一年的销售额，$Ebitda_i$代表公司 i 在上市前一年的息税折旧摊销前利润。对式（3.4）进行 Logit 回归可以得到概率预测值 $\hat{p}$，本书采用最近邻匹配原则为目标组企业寻找相应的匹配企业。为了方便，分别用 $\hat{p}_i$ 和 $\hat{p}_j$ 表示目标组和配对组的概率预测值（即倾向性得分），最近邻匹配的原则可表示为

$$\Theta(i) = min_j \|\hat{p}_i - \hat{p}_j\|, j \in (target = 0) \tag{3.5}$$

其中，$\Theta(i)$ 表示与目标组企业相对应的来自配对企业的匹配集合，并且对于每一个目标组企业 i，有且仅有一个匹配组企业 j 落入集合 $\Theta(i)$。

第二步，计算每股内在价值、内在折价率、市场反应率和传统首日折价率。

本研究主要采取两种方法来计算公司 IPO 时的每股内在价值。

方法一：根据倾向性得分的匹配结果，采用式（3.6）和式（3.1）、式（3.2）计算每股内在价值、内在折价率和市场反应率指标。

$$IV_i = \left(\frac{P_{ij}}{Earning_{ij}/ Shares_{ij}}\right) \times (Earning_i/ Shares_i) \tag{3.6}$$

式（3.6）中 IV_i 为公司 i 的每股内在价值，$\frac{P_{ij}}{Earning_{ij}/ Shares_{ij}} = \frac{i\text{公司的匹配公司}j\text{在}i\text{公司上市日的收盘价}}{i\text{公司的匹配公司}j\text{在}i\text{公司上市前一年的每股收益}}$，$Earning_i/ Shares_i$ 为 i 公司上市前一年的每股收益。这样，在计算出 i 公司的每股内在价值之后，我们便可以构造如式（3.1）至式（3.3）所示的三个估值指标。

方法二：采用市销率方法。我们还将式（3.6）中的 i 公司的匹配公司 j 在 i 公司上市前一年的每股收益和 i 公司上市前一年的每股收益

替代为 i 公司的匹配公司 j 在 i 公司上市前一年的每股销售额和 i 公司上市前一年的每股销售额来计算公司 IPO 时的每股内在价值，进而根据式（3.1）至式（3.2）计算出 IPO 公司的内在折价率、市场反应率，以此作为本书的稳健性检验。

3.2.2 风险投资和券商联盟对创业板 IPO 内在折价率的影响

风险投资具有一定的认证效应，风险投资持股能够缓解企业与外部投资者之间的信息不对称，从而降低 IPO 首发折价率（Barry 等，1990）。关于新股发行中的承销商作用，也有大量文献进行过论述。而针对承销商与其他机构之间的合作关系，主要是阐述承销商利用与其他机构、高管等的关系来进行利益输送，并未见到针对承销商与风险投资机构之间关系的文献。Ritter 和 Zhang（2007）认为新股发行中的主承销商为了谋取私利，倾向于使用自主配售权来回报与其有某种经济利益关系的合作伙伴（包括机构投资者、上市公司高管）。在我国的询价制度下，券商保荐机构虽不具备新股的自主配售权，但是能通过其专业知识、私有信息等来影响机构投资者的询价行为和获配概率。孙淑伟等（2015）发现，我国 IPO 配售中存在基金公司与保荐机构结成利益联盟的现象。即承销保荐机构将发行人的敏感信息提供与其联盟的基金公司，使得基金公司重点参与收益率较高的新股发行并因此获得丰厚的收益，而券商则通过基金租用其交易席位而获得高额的佣金。

由于风险投资通过参与被投企业的日常营运管理来行使“内部人”的职能，具有企业的内部信息，从而降低了企业内部人与外部投资者的信息不对称程度（Megginson 和 Weiss，1991；Barry 等，1990），那么若 VC 机构和承销商建立合作关系，风险投资的私有信息能够帮助承销商进行准确定价，从而使新股发行价更接近企业的真实内在价值。因此，本章提出如下假设：

假设 1：若存在 VC—券商合作关系，风险投资持股公司的新股内在折价率降低。并由于风险投资的认证作用，新股的“内在折价率”由低到高排序为：存在 VC—券商合作关系的 VC 持股公司 < 不存在合作关系的 VC 持股公司 < 无 VC 持股公司。

3.2.3　风险投资和券商联盟对创业板 IPO 市场反应率的影响

Chemmanur 和 Loutskina（2006）指出，风险投资的“市场力量”能够显著提高风险投资持股企业在二级市场上的关注程度，从而提高 VC 持股企业上市首日的市场反应率。当主承销商与风险投资存在长期合作关系时，风险投资的市场力量将得到进一步加强。风险投资与主承销商之间保持长期的合作关系，能够缓解新股发行的信息不对称，向市场投资者传递新股发行质量良好的信号，从而吸引更多的机构投资者在二级市场上交易该新股。但也有可能风险投资与主承销之间保持长期合作会引致“串谋”风险（Tirole，1986；Vafaï，2002；Ritter 和 Zhang，2007；孙淑伟、肖土盛、付宇翔和陈信元，2015）。风险投资家为了追求声誉敦促企业尽可能的早日上市，风险投资与长期合作的主承销商联合，将质量不合格的公司推上市，从而使得主承销商获得承销佣金，风险投资则提高了项目成功率（Gompers，1996；Lee 和 Wahal，2004）。我们比较了存在 VC—券商合作关系与不存在合作关系的两类风险投资持股企业，发现在 IPO 之前的企业成长性、资本结构、规模、盈利能力和成立时间等均无显著差异。

另外，西方经典文献，如 Gompers（1996）、Lee 和 Wahal（2004），认为风险投资特别是年轻的风险投资存在逐名效应，即将不成熟的企业尽早推上市以建立风险投资自己的声誉。然而，我国的诸多学者的研究发现风险投资的“逐名效应”在我国并不成立（徐薇，2008；黄福广、李西文和张开军，2012；汪炜、于博和宁宜希，2013；余楠和费一文，2013；张剑，2013）。与此同时，我国新股发行上市后原始股东存在一年锁定期的限制（对于控股股东为3年限售期），新股上市后风险投资作为原始股东在帮助被投企业上市之后如仍持有股份将会面临一年的锁定期，因此，帮助质量不合格的企业实现尽早上市对于面临锁定期的风险投资来说并不具备吸引力，因为企业还要被市场检验一年，风险投资才可能变现退出。因此，本章提出如下假设2：

假设2：若存在VC—券商合作关系，风险投资持股公司的新股市场反应率提高。并由于风险投资的市场力量作用，新股的市场反应率由低到高排序为无VC持股公司<不存在合作关系的VC持股公司<存在VC—券商合作关系的VC持股公司。

3.3 研究设计与统计性描述

3.3.1 多元回归计量模型

为了检验假设1和假设2，对风险投资与券商保荐机构的合作是否与IPO内在折价率、市场反应率存在相关关系进行计量检验，本书构建了以下多元回归模型。

$$Intrinsic\_up = \alpha + \alpha_1 VU_{yes} + \alpha_2 VC_{no} + \alpha_3 X + \varepsilon_1 \tag{3.7}$$

$$MarketR = \beta + \beta_1 VU_{yes} + \beta_2 VC_{no} + \beta_3 X + \varepsilon_2 \tag{3.8}$$

$$Underpricing = \gamma + \gamma_1 VU_{yes} + \gamma_2 VC_{no} + \gamma_3 X + \varepsilon_3 \tag{3.9}$$

其中，VU_{yes}为虚拟变量，若$VU_{yes}=1$，则代表该上市公司的股东中存在*VC*，并且该*VC*与券商保荐机构之间存在长期稳定的伙伴关系，否则$VU_{yes}=0$。VC_{no}也是虚拟变量，若$VC_{no}=1$，则代表该公司为无风险投资参股的公司，否则 $VC_{no}=0$。这样的符号设计，使式（3.7）至式（3.9）的截距项反映的指标值是属于有 *VC* 股东、但 *VC* 与券商无长期合作关系的一类样本公司，对应的是我们假设 1、假设 2 的不等式关系中的中间类型企业。这样设计模型的基准企业，可以通过回归系数看出三类企业的区别。另外，*X* 代表其他控制变量。

3.3.2　控制变量的选取

借鉴相关的文献（钱萍和张帏，2007；陈工孟等，2011；朱红军等，2013；李曜和王秀军，2015），本书选取了以下变量作为控制变量。

1. 发行规模（*Size*）：本书以新股的实际募集资金总额的对数来代表发行规模。一般来说，发行规模越大的企业信息披露越充分，发行定价越准确。该变量应与内在折价率负相关。

2. 发行企业历史（*Age*）：新股公司成立至上市之间的间隔年份（一年按 360 天处理）。公司成立时间越久，运营越稳健，不确定性越小，该变量应与内在折价率负相关。同时，成立时间越久则表明公司在上市前的成长性可能较缓慢，需要较长时间才能上市。因此，该股票在二级市场上的表现可能较差，该变量应与市场反应率负相关。

3. 公司资产规模（*Scale*）：以新股上市前一年总资产的对数衡量。公司规模越大，信息量越为冗杂，定价难度越高，因此规模大的公司在定价时偏离内在价值的幅度越高。同时公司规模越大，未来的增长越难，在二级市场受到追捧的可能性越低。

4. 公司的成长性（*Growth*）：以公司上市前一年营业总收入的增长率来代表。一般来说，成长能力越强的公司未来盈利的能力亦越强，因此，二级市场投资者越欢迎，成长性应与二级市场反应率和首日折价率之间正相关。

5. 财务杠杆（*Leverage*）：取公司上市前一年的资产负债率。债务的发行可以降低企业的信息不对称，因此负债率越高的公司定价越为准确，财务杠杆应与内在折价率负相关。同时负债率的提高表明公司能够较好地降低自由现金流量的代理成本，负债率高的公司更容易受到二级市场投资者的青睐，该指标与市场反应率正相关。

6. 盈利能力（*Roe*）：取公司上市前一年的净资产收益率。净资产收益率越高，表明公司的盈利能力越强，风险越小，该变量应与内在折价率负相关。在二级市场上导致追捧，市场反应率较高。

7. 新股发行市盈率（*IPOpe*）：一般来说，发行市盈率越高，公司质量越好，该变量应与内在折价率负相关，与市场反应率正相关。

8. 市场指数收益率（*Return _ mar*30）：本书使用公司上市前 30 天的上证指数累计收益率①作为市场投资热情的代理变量。当市场情绪高涨时，投资者对“打新”的热度降低，新股的内在折价率可能增大，二级市场反应率降低。

9. 新股发行中签率（*Lottery*）：以新股的网上发行中签率作为股票是否“热销”的代理变量，新股网上申购的中签率越低，表明股票在一级市场上越抢手，询价机构众多，定价应当更准确，在二级市场上也越受欢迎。该变量应与内在折价率正相关、与市场反应率负相关。

10. 新股发行至上市的滞后日期（*Delay*）：新股发行日至上市日之间的间隔天数。等待期越长，不确定性越大，投资者的持股成本越大，上市首日在二级市场被炒作的可能性越大，因此该变量应与市场反应率正相关。

---

① 由于创业板指数于 2010 年 6 月 1 日起正式编制和发布，本书参考朱红军等（2013）的做法，使用上证指数累计收益率作为市场投资热情的代理变量。

11. 承销商声誉（*Underwriter _ rep*）：根据新股上市前一年中国证券业协会对国内承销商承销总金额的排名，将排在前十位的定义为具有声誉的承销商，*Underwriter _ rep* 取值为 1，否则为 0。承销商声誉能够发挥认证作用，缓解信息不对称，降低内在折价率，提高市场反应率。

12. 行业虚拟变量（*Industry*）：对不同行业的划分采用 Wind 数据库所制定的一级行业划分标准。在设定行业虚拟变量时，为了避免由于某个行业样本个数较少从而导致统计检验量存在偏误的问题，对样本个数较少的行业进行了合并。合并方法及结果如表 3.1 所示。

13. 年度虚拟变量（*Year*）：对于不同的 IPO 年份，设置了虚拟变量，来控制年度效应的影响。

表 3.1　　创业板公司的样本行业分布及行业虚拟变量设计

（2009. 10. 30—2012. 11. 26）

行业门类	公司数目（家）	百分比（%）	行业虚拟变量	合并方法①
材料	47	13. 24	Wind _ 1	—
工业	89	25. 07	Wind _ 2	—
公用事业	3	0. 85	Wind _ 4	将公用事业、能源、日常消费合并
可选消费	26	7. 32	Wind _ 3	—
能源	6	1. 69	Wind _ 4	上述合并
日常消费	10	2. 81	Wind _ 4	上述合并
信息技术	134	37. 75	Wind _ 5	—
医疗保健	40	11. 27	—	—
总计	355	100		

① 日常消费、公用事业及可选消费的样本量过低，会对统计检验结果产生较大偏误，且均为非周期行业，因此给予合并。

3.3.3 统计性描述

1. 数据来源及说明

本书以 2009 年 10 月 30 日到 2012 年 12 月 31 日之间在我国创业板成功上市的 355 家公司作为研究对象①。样本的 IPO 定价、筹资金额等数据和保荐机构情况等来源于 Wind 数据库，公司上市前后的财务数据主要来自 CSMAR 数据库和 RESET 数据库。

2. 数据统计描述

表 3.2 对风险投资与承销保荐机构之间是否存在长期合作关系进行了统计和定义。

表 3.2　风险投资与承销保荐机构合作次数统计
(2009.10.30—2012.11.26)

	符合该情况的 *VC* 个数	符合该情况的公司个数	样本定义
支持的企业上市仅 1 次或支持企业上市超过 2 次但每次均使用不同保荐机构的 *VC*	117	158	$VU_{no}=1$
支持的企业上市多次且与同一家承销商合作过 2 次及 2 次以上的 *VC*	12	49	$VU_{yes}=1$
无 *VC* 支持的公司	—	148	$VC_{no}=1$
总计	129	355	—

其中风险投资与保荐机构具体的合作情况（属于 $VU_{yes}=1$ 的样本）如表 3.3 所示。

---

① 之所以时间截至 2012 年 11 月 26 日，是因为我国新股发行的行政性暂停。在 2012 年 11 月后，新股发行经历了史上最长的 1 年多的暂停阶段，直到 2014 年 1 月才重新启动。这种长时间的 IPO 暂停可能会对风险投资与券商的联盟关系产生影响，因此本研究数据未包含 2014 年 IPO 重启之后的数据。

表 3.3 风险投资公司与券商保荐机构合作情况一览
(2009.10.30—2012.11.26)

VC[①]	合作最多的券商	合作次数	VC 支持企业 IPO 次数
广发信德投资管理公司	广发证券	4	5
国信弘盛创业投资有限公司	国信证券	9	9
金石投资有限公司	中信证券	7	7
平安财智投资管理公司	平安证券	2	2
海通开元投资管理公司	海通证券	2	2
软银中国创业投资有限公司	平安证券	2	2
上海涌铧投资管理有限公司	国金证券	2	3
	平安证券	4	
深圳市创新投资集团有限公司	长江证券	2	18
	国信证券	3	
深圳市达晨财信创业投资有限公司	华泰联合证券	2	5
深圳市盛桥投资管理有限公司	平安证券	2	2
深圳市松禾资本管理有限公司	广发证券	2	3
苏州国嘉创业投资有限公司	东吴证券	2	2
苏州亿文创新资本	东吴证券	2	2
中科招商投资管理集团有限公司	平安证券	2	7
总计	—	49	69

需要说明的是，表 3.3 中的前 5 行 *VC* 均为券商直投，该类 *VC* 往往选择其发起股东的券商作为主承销商，券商直投 *VC* 与其发起券商存在

① Wright 和 Lockett（2003）曾经指出在联合风险投资中，主风险投资机构是联合风投中最活跃的投资机构，并负责邀请其他投资机构形成联合投资。主风险投资机构耗费了更多的时间对项目进行监管并负责与联合投资成员间的协调与沟通（Meuleman 等，2009）。考虑到同一家公司可能存在多个 *VC* 投资者，且在 IPO 时存在多家承销商进行承销这一现象，借鉴前人做法（董建卫等，2013；罗吉等，2014），书中以主风险投资（*LeaderVC*）和主承销商（*Leader Underwriter*）进行统计。为了以示稳健，在判断一家企业是否为存在与券商联盟关系的 *VC* 所投资的企业时，我们不仅以 *LeaderVC* 与主承销商的联盟合作进行判断，还同时以非 *LeaderVC* 与主承销商的联盟合作进行判断，并对联盟进行重新定义，具体的结果参见稳健性检验。

密切合作关系，如国信弘盛参股的9次IPO均选择了国信证券，金石投资参与的7次IPO均选择了中信证券，平安财智、海通开元分别参股了2家IPO，也分别全都选择了平安证券、海通证券作为主承销商，广发信德参与了5次IPO，4次选择了广发证券。在后文的稳健性检验中，将排除券商直投*VC*的样本，重新检验。表3.4列示了实证所涉及的主要变量和样本数据的统计描述，其中关于风险投资与券商保荐机构之间是否存在长期稳定合作关系的定义与表3.2保持一致。

表3.4　　变量统计描述

变量名	VU_{yes}	VU_{no}	VC_{no}	$VU_{yes}-VU_{no}$	$VU_{no}-VC_{no}$	$VU_{yes}-VC_{no}$
	Mean	Mean	Mean	T值	T值	T值
Panel A：公司特征						
Growth	0.453	0.412	0.338	0.624	1.943*	2.135**
Leverage	0.371	0.372	0.406	-0.036	-1.681*	-1.150
Scale	19.698	19.622	19.545	0.694	0.950	1.297
Size	20.208	20.086	20.035	1.202	0.743	1.769*
Roe（%）	33.887	32.191	35.499	0.701	-2.266**	-0.705
Age	8.867	9.849	8.955	-1.083	1.460	-0.100
Panel B：发行特征						
Delay（*day*）	12.091	11.396	11.741	1.219	-0.937	0.580
Return_mar30	0.003	-0.010	-0.017	1.003	0.772	1.511
Underwriter_rep	0.273	0.144	0.037	1.718*	2.787**	4.333***
IPOpe	54.017	52.774	50.582	0.261	0.710	0.813
Lottery	1.237	1.169	1.303	0.267	-0.774	-0.268
Panel C：IPO抑价率分解						
Underpricing	0.280	0.273	0.247	0.124	0.630	0.607
Intrinsic_Up	0.201	0.306	0.454	-0.738	-1.353	-1.627*
Market_R	0.318	0.295	0.092	0.151	2.166**	1.784*

注：统计检验采用双尾*t*检验。***、**和*分别表示在1%、5%和10%水平上显著，下同。

从表3.4的Panel A可以发现，在不考虑其他控制变量因素影响的情况下，无论风险投资是否与券商存在合作关系，两者所参股的上市公司在成长性、负债率、规模、盈利能力等方面并无显著差异，而有*VC*参股的上市公司平均来看成长性更好，盈利能力较差。从表3.4的Panel B可以发现，在*VC*与券商保持稳定合作关系的样本中，承销商声誉显著高于不存在稳定合作关系的样本，更显著高于无*VC*参股的样本。从表3.4的Panel C可以发现，*VC*与券商保持稳定合作关系的样本，发行定价更为准确，表现为更低的内在折价率；市场反应更为热情，表现为更高的市场反应率。下面进行多元回归模型分析。

3.4 实证检验与结果分析

3.4.1 实证结果与分析

使用式（3.3）至式（3.6）计算出股票的内在价值、内在折价率、市场反应率和首日折价率，按式（3.7）至式（3.9）的模型进行多元线性回归，结果如表3.5所示。

表3.5 有无VC与承销商合作关系、有无VC持股对新股定价效率和市场反应的影响

变量	(1)	(2)	(3)
	Intrinsic_up	*MarketR*	*Underpricing*
VU_{yes}	-0.256*	0.213*	0.132**
	(-1.91)	(1.86)	(2.46)
VC_{no}	0.244**	-0.195**	-0.145***
	(2.31)	(-2.20)	(-4.60)
Growth	0.248***	0.092	0.073
	(2.82)	(1.01)	(1.18)

续表

变量	(1)	(2)	(3)
	Intrinsic _ up	*MarketR*	*Underpricing*
Leverage	-0.621 * (-1.80)	0.538 (1.53)	-0.077 (-0.45)
Roe	0.010 ** (2.27)	-0.015 *** (-3.72)	0.0003 (0.09)
Scale	0.523 *** (3.82)	-0.494 *** (-3.57)	0.008 (0.09)
Size	-0.384 ** (-2.32)	0.435 ** (2.68)	-0.231 ** (-2.48)
Age	0.025 ** (2.37)	-0.016 * (-1.81)	-0.012 *** (-3.07)
Return _ mar30	3.912 *** (5.56)	-1.764 ** (-2.81)	1.930 *** (6.34)
Underwriter _ rep	-0.022 (-0.13)	-0.258 ** (-2.04)	-0.189 *** (-3.64)
IPOpe	-0.003 * (-1.73)	-0.003 (-1.13)	-0.002 * (-1.62)
Lottery	0.025 (0.56)	0.028 (0.87)	0.011 (0.64)
Delay	-0.045 ** (-2.49)	0.024 (1.53)	-0.001 (-0.18)
Constant	-2.462 (-0.90)	1.894 (0.89)	5.276 *** (4.98)
Year	控制	控制	控制
Industry	控制	控制	控制
N	252	252	252
Adj. R^2	0.79	0.41	0.69

注：＊＊＊、＊＊、＊分别表示在1%、5%、10%水平下显著，括号内数值表示对应系数的 *t* 统计量。当对样本进行1%和99%缩尾处理时，结果仍然是稳健的，结果如表3.6所示。

表3.6 对数据进行1%和99%的缩尾处理后的回归结果

变量	(1)	(2)	(3)
	Intrinsic _ up	*MarketR*	*Underpricing*
VU_{yes}	-0.246* (-1.84)	0.177* (1.65)	0.117** (2.47)
VC_{no}	0.229** (2.12)	-0.208** (-2.37)	-0.164*** (-5.93)
Growth	0.177* (1.70)	0.143 (1.53)	0.116* (1.83)
Leverage	-0.639* (-1.81)	0.642* (1.79)	0.048 (0.32)
Roe	0.015*** (2.99)	-0.018*** (-4.56)	-0.002 (-0.77)
Scale	0.598*** (3.99)	-0.635*** (-4.25)	-0.086 (-1.11)
Size	-0.357** (-2.09)	0.569*** (3.44)	-0.074 (-0.90)
Age	0.029*** (2.62)	-0.017* (-1.95)	-0.006 (-1.57)
Return _ mar30	3.743*** (5.19)	-1.797*** (-2.92)	2.120*** (8.08)
Underwriter _ rep	-0.033 (-0.19)	-0.255** (-2.14)	-0.207*** (-4.52)
IPOpe	-0.004* (-1.72)	-0.004 (-1.51)	-0.004*** (-2.94)
Lottery	0.024 (0.53)	0.013 (0.35)	0.009 (0.57)

续表

变量	(1)	(2)	(3)
	Intrinsic _ up	*MarketR*	*Underpricing*
Delay	−0.045**	0.021	0.001
	(−2.44)	(1.31)	(0.08)
Constant	−4.588*	2.181	3.943***
	(−1.66)	(1.02)	(4.20)
Year	控制	控制	控制
Industry	控制	控制	控制
N	252	252	252
Adj. R^2	0.81	0.43	0.71

注：***、**、*分别表示在1%、5%、10%水平下显著，括号内数值为对应系数的 *t* 统计量。

表3.5报告了风险投资与承销商合作与否、风险投资持股与否对新股的内在折价率、二级市场反应率和传统IPO抑价率的影响。由表3.5的模型（1）可以发现，在控制了其他因素的情况下，相比于与承销商不保持长期合作关系的风险投资持股公司，风险投资与承销商的长期合作可使IPO的内在折价率显著降低，降低了26%左右；而无风险投资持股公司的IPO内在折价率则显著提高了24%左右。这表明，风险投资的存在可以显著地降低新股发行定价时的信息不对称，使风险投资持股公司的内在折价率显著较低。并且，通过风险投资与承销商保持长期合作关系，这样的风险投资持股公司与不存在长期合作关系的风险投资持股公司相比，内在折价率显著更低。说明风险投资的作用一方面是认证效应，另一方面通过与主承销商保持长期合作关系，进一步实现信息沟通，使得新股定价更为准确。在新股的内在折价率指标上，由低到高排序为：存在 *VC*—券商合作关系的 *VC* 持股公司 < 不存在合作关系的

VC 持股公司 < 无 *VC* 持股公司。因此，假设 1 得以验证。

由表 3.5 的模型（2）可以发现，在控制其他因素不变的情况下，风险投资与承销商保持长期合作使新股上市首日的二级市场反应率显著高于与承销商不保持长期合作关系的风险投资持股公司，市场反应率高出 21% 左右；而无风险投资持股公司的市场反应率最低，比风险投资持股但与券商无合作关系公司的市场反应率显著低 19.5%。这表明了风险投资的确具有市场力量，能够提升新股在二级市场的关注度。并且，与承销商的长期合作能够进一步加强风险投资的市场力量，吸引更多的机构投资者参与新股的二级市场交易，从而提升了市场反应率。在新股上市后的市场反应率指标上，由低到高排序为：无 *VC* 持股公司 < 不存在合作关系的 *VC* 持股公司 < 存在 *VC*—券商合作关系的 *VC* 持股公司。由此假设 2 得以验证。

由模型（3）可知，对于传统抑价率来说，与承销商保持合作使得风险投资持股公司的传统抑价率显著高出与承销商不保持合作的风险投资持股公司 13% 左右，这表明了风险投资与承销商的合作关系产生的二级市场力量要大于一级市场的认证效应，从而造成首日传统抑价率显著较高的现象。而非风险投资持股公司的传统抑价率显著较低，比与承销商不保持长期合作的风险投资持股公司的指标显著低 14.5%。该结论说明，风险投资的认证效应和市场力量的共同作用，提高了新股的传统折价率，风险投资的认证效应要弱于市场力量。对于风险投资与券商存在合作关系的公司来说，认证效应要更加弱于市场力量，表现为传统折价率显著更高。

为了进一步解释假设 1 和假设 2 成立的经济原因，本书对新股发行中的承销商声誉、参与一级市场询价对象个数、有效申购配售对象个数和二级市场机构投资者家数进行对比，结果如表 3.7 所示。

表 3.7　不同样本组的一级市场和二级市场投资者参与情况比较

对比	VU_{yes}	VU_{no}	VC_{no}	$VU_{yes}-VU_{no}$	$VU_{no}-VC_{no}$	$VU_{yes}-VC_{no}$
承销商声誉	0.265	0.151	0.054	0.113* (1.82)	0.098** (2.82)	0.211*** (4.33)
发行上市承销费率	0.067	0.063	0.064	0.004 (1.16)	−0.001 (−0.498)	0.003 (0.757)
网下参与询价对象个数	124.10	112.08	101.86	12.02 (1.14)	10.22 (1.48)	22.24** (2.37)
网下有效申购配售对象家数	70.02	58.53	50.02	11.49 (1.39)	8.50* (1.66)	19.99*** (3.18)
上市后一个季度机构投资者家数	17.18	17.53	12.54	−0.35 (−0.09)	4.98** (2.09)	4.64* (1.73)

注：1. 承销商声誉是根据新股公司上市前一年，中国证券业协会对国内证券市场上承销商承销总金额的排名，将排在前十位的定义为具有高声誉的承销商，*Underwriter_Rep* 取值为 1，否则为 0；发行上市承销费率是新股发行的承销保荐费用除以发行总融资金额；网下参与询价对象是在网下配售中参与询价的对象；网下有效申购配售对象是在网下配售阶段，最终确认成功申购的询价对象；上市后一个季度机构投资者是指新股发行上市一个季度后在定期报告中披露的持有该股票的机构投资者。

2. 括号内为均值检验的 t 统计量值，***、**、* 分别表示在 1%、5%、10% 水平下显著。

由表 3.7 可知，风险投资选择了与更有声誉的承销商来构建长期合作伙伴关系；相比于无风险投资持股的上市公司，风险投资持股能够显著吸引有声誉的承销商。风险投资与承销商保持合作关系时，承销费率较高，但结论在统计上并不显著。

在一级市场定价阶段，当风险投资与承销商存在稳定合作关系时，相比于无 VC 持股企业，该存在合作关系的新股能够在一级市场多吸引 22 家机构参与询价，且有效配售对象家数更显著多出 20 家；有风险投资持股公司的询价对象、有效配售对象均显著高于无风险投资持股公司，体现了风险投资在一级市场的影响力。与无合作的样本比，风险投资与券商保持合作增加了询价对象和有效配售对象，但结果不显著。

在上市一个季度后，观察新股大股东名单中的机构投资者。风险投资持股企业相比于无风险投资持股企业，平均多出 5 家机构投资者持股。但风险投资与券商合作与否的样本没有显著差异。

下面进一步进行回归分析，通过引入控制变量来考察风险投资与承销商合作关系、风险投资持股对新股的承销商声誉、承销费率、一级市场询价对象个数、有效申购配售家数及二级市场投资者等的影响。

参考前人文献，选取以下指标作为控制变量：（1）公司规模（*Scale*）：一般认为规模越大的公司越可能受到机构投资者的关注；（2）发行规模（*Size*）：募集资金总额越大则越易受到投资者关注；（3）公司盈利能力（*Roe*）：盈利能力越强的公司投资收益越高，也越会吸引询价机构和二级市场机构投资者的参与；（4）公司负债水平（*Leverage*）：公司的财务杠杆越低，财务风险也越低；（5）公司成立至上市时间（*Age*）：成立时间越久的公司，信息不对称程度越低；（6）承销商声誉（*Underwriter_rep*）。承销商声誉能够发挥认证作用，降低投资者与公司之间的信息不对称，向市场传递公司质量的信号［表 3.8 的模型（4）是被解释变量，在模型（5）—模型（8）中则作为控制变量］；（7）上市前市场投资者情绪（*Return_mar30*）作为二级市场情绪指标，也可能影响机构投资者的决策；（8）时间和行业虚拟变量。机构投资者可能对行业存在特殊偏好。

表 3.8 的结果显示在控制了规模、盈利能力等公司特征变量，承销商声誉和市场投资者情绪等的情况下，存在风险投资券商合作关系的风险投资持股企业，相对于与不存在合作关系的企业，能够吸引声誉更佳的承销商，但支付的承销费率高 1 个百分点左右。在一级市场平均多吸引约 13 家左右的机构投资者参与询价，网下有效配售家数多出 19 家，在二级市场上市一个季度后，十大股东中机构投资者多出 5 家。相对于

表 3.8　　VC 与承销商长期合作与否、VC 持股与否对一级、二级市场投资者参与情况的回归分析

变量	(4)	(5)	(6)	(7)	(8)
	承销商声誉	网下参与配售对象个数	网下有效申购配售对象家数	承销费率	机构投资者家数
VU_{yes}	0. 103 ** (2. 19)	12. 750 ** (2. 20)	19. 34 *** (3. 79)	0. 011 *** (5. 13)	4. 984 * (1. 95)
VC_{no}	-0. 057 * (-1. 75)	-7. 452 * (-1. 77)	-7. 908 ** (-2. 39)	-0. 007 *** (-6. 10)	-4. 018 ** (-2. 31)
Underwriter _rep		55. 45 *** (7. 34)	21. 46 ** (2. 12)	-0. 005 *** (-2. 67)	1. 274 (0. 46)
Scale	0. 131 *** (2. 92)	-74. 91 *** (-11. 81)	-27. 16 *** (-5. 53)	-0. 028 *** (-8. 12)	-9. 584 *** (-4. 01)
Size	-0. 045 (-0. 97)	66. 600 *** (9. 62)	27. 290 *** (5. 07)	0. 011 *** (3. 40)	21. 150 *** (7. 73)
Roe	0. 004 *** (2. 71)	-1. 351 *** (-6. 53)	-0. 363 ** (-2. 20)	-0. 001 *** (-6. 90)	-0. 012 (-0. 12)
Leverage	-0. 439 *** (-3. 04)	75. 700 *** (4. 25)	14. 020 (1. 06)	0. 047 *** (7. 01)	31. 620 *** (5. 05)
Age	-0. 003 (-0. 75)	2. 628 *** (3. 13)	1. 105 ** (2. 15)	-0. 003 *** (-10. 15)	0. 207 (1. 16)
Return _ mar30	0. 046 (0. 21)	-88. 780 *** (-4. 03)	-60. 710 *** (-3. 38)	0. 112 *** (6. 47)	-18. 360 (-1. 60)
Constant	-1. 807 *** (-3. 03)	848. 100 *** (10. 97)	297. 500 *** (4. 98)	0. 565 *** (13. 43)	-41. 940 (-1. 39)
Year	控制	控制	控制	控制	控制
Industry	控制	控制	控制	控制	控制
变量	(4)	(5)	(6)	(7)	(8)
N	355	355	355	355	355
Adj. R^2	0. 16	0. 68	0. 52	0. 86	0. 47

注：＊＊＊、＊＊、＊分别表示在 1%、5%、10% 水平下显著，括号内数值为对应系数的 t 统计量，当对样本进行 1% 和 99% 缩尾处理时，结果仍然是稳健的。

无风险投资持股的企业，存在风险投资持股的企业（无券商合作）能够在一级市场发行时多吸引7家询价机构，有效配售多8家，承销商声誉更好，支付的承销费率高0.7个百分点左右，且能够在上市一个季度后拥有的机构投资者股东多4家。

综合表3.7和表3.8的结果，在新股发行的一级市场上，在风险投资与承销商之间保持长期合作关系的条件下，风险投资持股公司能够拥有声誉更佳的承销商，但承销费率较高，不过这类企业因此获得的是：在一级市场上拥有更多的询价机构参与询价，有效申购对象较多，结果是一级市场的定价更为准确，定价更有效率，即一级市场内在折价率降低，这从事实上支持了假设1的逻辑成立。另外，相较于无风险投资持股公司，与承销商不保持合作的风险投资持股公司也能够在一级市场吸引到更多的机构投资者参与询价，有效申购对象也有显著增加，进而表现出较低的一级市场内在折价率。该结果说明风险投资本身具有一定的“认证效应”。不过，当“*VC*+券商”的模式确立后，新股的发行获得了更多的询价机构和配售家数，内在折价率更低，定价更为准确。

在新股上市后的二级市场上，在风险投资与承销商存在合作关系的条件下，风险投资持股公司能吸引显著更多的机构投资者数量，高于与承销商不存在合作的风险投资持股公司，更高于无风险投资持股公司。这样的排序结果，说明风险投资本身具有一定的市场力量，而“*VC*+券商”的合作模式进一步强化了市场力量，使得新股的市场反应率更高，这也从事实上支持了假设2的逻辑成立。

3.4.2　稳健性检验

为了保证实证结果的可信度，以下对模型进行了一系列的稳健性检验。

1. 剔除券商直投类风险投资机构的稳健性检验

券商直投类风险投资机构具有特殊性，张学勇等（2014）指出券商直投兼具承销商和风险投资的双重身份，且国内的券商直投往往选择自己的股东方证券公司作为项目的承销商（见表 3.3），因此券商直投类风险投资机构与承销保荐机构之间的关系不属于单纯的伙伴关系。本书将券商直投类风险投资参股的上市公司从样本中剔除，对式（3.7）至式（3.9）进行重新回归，研究结论保持不变。结果如表 3.9 所示，可见，主要结论均未改变。

表 3.9 剔除券商直投类风险投资参股公司后的不同样本的新股定价效率回归

变量	(1)	(2)	(3)
	Intrinsic _ up	*MarketR*	*Underpricing*
VU_{yes}	-0.379* (-1.83)	0.313* (1.79)	0.181** (3.12)
VC_{no}	0.185* (1.79)	-0.252*** (-2.88)	-0.153*** (-4.61)
Growth	0.397*** (3.58)	-0.108 (-1.08)	0.017 (0.49)
Leverage	-1.925*** (-4.00)	0.881** (2.32)	-0.340** (-2.00)
Roe	0.017*** (2.88)	-0.016*** (-3.51)	0.002 (0.99)
Scale	0.952*** (4.79)	-0.680*** (-4.36)	0.150** (1.99)
Size	-1.032*** (-4.86)	0.626*** (3.55)	-0.368*** (-4.65)
Age	0.008 (0.76)	-0.004 (-0.39)	-0.010*** (-3.06)

续表

变量	(1)	(2)	(3)
	Intrinsic _ up	*MarketR*	*Underpricing*
Return _ mar30	2.907*** (3.81)	-1.286* (-1.96)	1.850*** (6.64)
Underwriter _ rep	-0.024 (-0.14)	-0.224* (-1.67)	-0.272*** (-4.13)
IPOpe	0.004 (1.22)	-0.004 (-1.46)	-0.0001 (-0.05)
Lottery	-0.036 (-0.92)	0.050 (1.54)	0.002 (0.10)
Delay	-0.051** (-2.53)	0.050** (2.85)	-0.004 (-0.53)
Constant	2.644 (1.04)	1.209 (0.55)	5.216*** (4.72)
Year	控制	控制	控制
Industry	控制	控制	控制
N	234	234	234
Adj. R^2	0.31	0.39	0.62

注：***、**、*分别表示在 1%、5%、10% 水平下显著，括号内数值为对应系数的 t 统计量。

2. 使用市销率法计算每股内在价值的稳健性检验

前面的研究在计算内在价值时使用了市盈率指标作为计算目标公司内在价值的方法，为了保证结果的稳健性，我们将式（3.3）中的所有每股收益替换为每股销售额，即用市销率替换市盈率来计算公司 IPO 时的每股内在价值，并对式（3.7）至式（3.9）进行重新回归，结果如表 3.10 所示。对比表 3.5 的结果可以发现，我们的研究结论保持不变。

表 3.10 使用市销率方法计算的一级市场内在折价率和二级市场反应率的回归结果

变量	(1)	(2)	(3)
	Intrinsic _ up	*MarketR*	*Underpricing*
VU_{yes}	-0.301 * (-1.71)	0.264 * (1.69)	0.132 ** (2.46)
VC_{no}	0.222 * (1.70)	-0.242 * (-1.69)	-0.145 *** (-4.60)
Growth	-0.074 (-0.43)	-0.028 (-0.22)	0.073 (1.18)
Leverage	0.210 (0.40)	-0.154 (-0.31)	-0.077 (-0.45)
Roe	0.010 (1.50)	0.010 (1.63)	0.0003 (0.09)
Scale	1.077 *** (5.17)	-0.657 *** (-3.27)	0.008 (0.09)
Size	-1.183 *** (-5.03)	0.512 ** (2.12)	-0.231 ** (-2.48)
Age	-0.018 (-1.34)	-0.0004 (-0.03)	-0.012 *** (-3.07)
Return _ mar30	2.981 *** (3.26)	-1.976 ** (-2.07)	1.930 *** (6.34)
Underwriter _ rep	0.261 (1.32)	-3.603 * (-1.95)	-0.189 *** (-3.64)
IPOpe	0.012 *** (3.37)	-0.00179 (-0.53)	-0.002 (-1.62)
Lottery	-0.045 (-0.76)	-0.0858 (-1.46)	0.012 (0.64)
Delay	-0.037 * (-1.75)	0.0117 (0.47)	-0.00126 (-0.18)

续表

变量	(1)	(2)	(3)
	Intrinsic_up	*MarketR*	*Underpricing*
Constant	2.443 (0.79)	3.059 (0.88)	5.276*** (4.98)
Year	控制	控制	控制
Industry	控制	控制	控制
N	252	252	252
Adj. R^2	0.34	0.37	0.69

注：***、**、*分别表示在1%、5%、10%水平下显著，括号内数值为对应系数的 t 统计量。

3. 使用中小板上市企业作为匹配样本的稳健性检验

前面的研究在计算内在价值时使用的是创业板作为匹配样本，为了以示稳健，我们以中小板上市企业作为创业板企业的匹配样本进行配对[①]，使用式（3.3）计算 IPO 时的每股内在价值，并对式（3.7）至式（3.9）进行重新回归，结果如表 3.11 所示。对比表 3.5 可以发现，研究结论保持不变。

表 3.11　　使用中小板上市企业作为配对样本的回归结果

变量	(1)	(2)	(3)
	Intrinsic_up	*MarketR*	*Underpricing*
VU_{yes}	-0.330** (-2.36)	0.227* (1.96)	0.141** (2.80)
VC_{no}	0.167* (1.77)	-0.136* (-1.77)	-0.123*** (-4.03)
Growth	0.406*** (3.39)	-0.183*** (-3.35)	0.080 (1.45)

① 使用中小板进行倾向得分匹配的配对原则和结果请参见本书附录2。

续表

变量	(1)	(2)	(3)
	Intrinsic _ up	*MarketR*	*Underpricing*
Leverage	-0.453 (-1.25)	0.416 (1.51)	-0.0850 (-0.53)
Roe	0.008 * (1.80)	-0.006 ** (-2.20)	-0.000 (-0.05)
Scale	0.574 *** (4.14)	-0.499 *** (-4.81)	0.00341 (0.05)
Size	-0.953 *** (-6.55)	0.549 *** (5.05)	-0.218 ** (-2.47)
Age	-0.025 ** (-2.71)	0.006 (0.80)	-0.014 *** (-3.87)
Return _ mar30	2.421 *** (3.41)	-2.650 *** (-5.10)	1.937 *** (6.17)
Underwriter _ rep	0.302 ** (2.08)	0.305 ** (2.45)	-0.180 *** (-3.62)
IPOpe	0.002 (0.98)	0.002 (0.14)	-0.002 (-1.46)
Lottery	-0.002	-0.021	0.010
	(-0.10)	(-1.25)	(0.61)
Delay	0.019 *	-0.006	0.007
	(1.77)	(-0.64)	(1.25)
Constant	8.235 *** (4.28)	-1.116 (-0.64)	5.053 *** (5.19)
Year	控制	控制	控制
Industry	控制	控制	控制
N	284	284	284
Adj. R^2	0.77	0.67	0.73

注：＊＊＊、＊＊、＊分别表示在1%、5%、10%水平下显著，括号内数值为对应系数的 t 统计量。

4. 以领投的风险投资机构为统计对象定义联盟的稳健性检验

前面研究表3.1和表3.2中对风险投资与券商是否存在联盟的定义是以领投的风险投资机构为统计对象[①]。为了稳健，我们以联合风投中的每一家风投机构均作为统计对象，而非仅以领投风险投资机构作为统计对象，即只要某风险投资机构和主承销商同时出现在一家新股发行中，即界定为风险投资和券商存在合作关系，这样对联盟进行重新定义后，对式（3.7）至式（3.9）再进行回归，结果如表3.12所示。对比表3.5可以发现，研究结论保持不变。

表3.12　　按照新定义的联盟关系对样本进行分类的回归结果

变量	(1)	(2)	(3)
	Intrinsic _ up	*MarketR*	*Underpricing*
VU_{yes}	-0.194*	0.249**	0.156***
	(-1.81)	(2.39)	(3.67)
VC_{no}	0.225**	-0.190**	-0.118***
	(2.06)	(-2.10)	(-3.64)
Growth	0.224***	-0.055	0.053
	(2.77)	(-0.61)	(0.87)
Leverage	-0.453	0.516	-0.246
	(-1.39)	(1.49)	(-1.42)
Roe	0.013***	-0.012***	0.002
	(3.13)	(-2.74)	(0.63)
Scale	0.532***	-0.464***	0.039
	(3.92)	(-3.17)	(0.45)
Size	-0.534***	0.386**	-0.291***
	(-3.27)	(2.31)	(-3.11)

① 本书中界定的领投风险投资机构，为企业上市前招股说明书中持股比例最大的VC。

续表

变量	(1)	(2)	(3)
	Intrinsic _ up	*MarketR*	*Underpricing*
Age	0.025 ** (2.40)	-0.024 *** (-2.90)	-0.012 *** (-3.29)
Return _ mar30	4.531 *** (7.05)	-1.635 ** (-2.60)	1.850 *** (6.16)
Underwriter _ rep	0.107 (0.80)	-0.126 (-0.87)	-0.221 *** (-4.23)
IPOpe	-0.003 (-1.30)	-0.003 (-1.16)	-0.002 (-1.41)
Lottery	0.036 (0.87)	-0.023 (-0.64)	0.022 (1.34)
Delay	-0.027 (-1.53)	0.012 (0.74)	-0.004 (-0.52)
Constant	-0.007 (-0.00)	2.569 (1.09)	5.887 *** (5.52)
Year	控制	控制	控制
Industry	控制	控制	控制
N	252	252	252
Adj. R^2	0.74	0.31	0.70

注：***、**、*分别表示在1%、5%、10%水平下显著，括号内数值为对应系数的 *t* 统计量。

5. 将存在 3 次及以上合作次数的 VC—券商界定为联盟的稳健性检验

将联盟关系界定为存在 3 次及以上合作次数的 VC—券商或存在 4 次及以上合作次数的 *VC*—券商，并对式（3.7）至式（3.9）进行回归，结果分别如表 3.13 和表 3.14 所示。对比表 3.5 可以发现，研究的结论保持不变。

表 3.13　将存在 3 次及以上合作次数的 VC—券商界定为联盟的稳健性检验结果

变量	(1)	(2)	(3)
	Intrinsic _ up	*MarketR*	*Underpricing*
VU_{yes}	-0.282 *	0.445 **	0.143 **
	(-1.82)	(2.68)	(2.26)
VC_{no}	0.181 *	-0.198 **	-0.153 ***
	(1.73)	(-2.30)	(-4.41)
Growth	0.075	0.107	-0.028
	(0.69)	(1.19)	(-0.91)
Leverage	-1.184 ***	0.428	-0.610 ***
	(-2.91)	(1.23)	(-4.10)
Roe	0.015 ***	-0.013 ***	0.011 ***
	(3.14)	(-3.40)	(7.01)
Scale	0.561 ***	-0.464 ***	0.266 ***
	(3.49)	(-3.43)	(4.14)
Size	-0.703 ***	0.426 **	-0.421 ***
	(-3.70)	(2.66)	(-5.87)
Age	0.017 *	-0.010	-0.015 ***
	(1.63)	(-1.19)	(-4.68)
Return _ mar30	3.061 ***	-2.013 ***	1.284 ***
	(4.06)	(-3.18)	(5.24)
Underwriter _ rep	0.156	-0.235 *	-0.171 ***
	(1.09)	(-1.95)	(-3.98)
IPOpe	0.003	-0.003	-0.001
	(0.08)	(-1.14)	(-0.00)
Lottery	-0.020	0.020	-0.015
	(-0.52)	(0.66)	(-0.97)
Delay	-0.016	0.025	0.001
	(-0.92)	(1.59)	(0.09)

续表

变量	(1)	(2)	(3)
	Intrinsic_up	*MarketR*	*Underpricing*
Constant	2.984 (1.18)	1.390 (0.67)	3.847 *** (3.79)
Year	控制	控制	控制
Industry	控制	控制	控制
N	252	252	252
Adj. R^2	0.34	0.42	0.71

注：＊＊＊、＊＊、＊分别表示在1%、5%、10%水平下显著，括号内数值为对应系数的 *t* 统计量。

表 3.14　　将存在 4 次及以上合作次数的 VC—券商界定为联盟的稳健性检验结果

变量	(1)	(2)	(3)
	Intrinsic_up	*MarketR*	*Underpricing*
VU_{yes}	-0.385 ** (-2.16)	0.555 *** (3.21)	0.219 ** (2.53)
VC_{no}	0.175 * (1.68)	-0.195 ** (-2.28)	-0.152 *** (-4.42)
Growth	0.094 (0.89)	0.109 (1.23)	-0.012 (-0.36)
Leverage	-1.231 *** (-2.99)	0.440 (1.27)	-0.596 *** (-4.04)
Roe	0.015 *** (3.22)	-0.013 *** (-3.46)	0.011 *** (6.85)
Scale	0.597 *** (3.68)	-0.472 *** (-3.51)	0.264 *** (4.14)
Size	-0.721 *** (-3.79)	0.423 ** (2.65)	-0.438 *** (-6.08)

续表

变量	(1)	(2)	(3)
	Intrinsic _ up	*MarketR*	*Underpricing*
Age	0.015 (1.43)	-0.010 (-1.13)	-0.014*** (-4.33)
Return _ mar30	3.245*** (4.33)	-2.064*** (-3.29)	1.405*** (5.69)
Underwriter _ rep	0.115 (0.80)	-0.227* (-1.89)	-0.156*** (-3.73)
IPOpe	0.003 (0.10)	-0.003 (-1.13)	0.002 (0.20)
Lottery	-0.020 (-0.52)	0.017 (0.55)	-0.016 (-1.05)
Delay	-0.024 (-1.31)	0.028* (1.77)	0.004 (0.52)
Constant	2.754 (1.09)	1.607 (0.77)	4.167*** (4.07)
Year	控制	控制	控制
Industry	控制	控制	控制
N	252	252	252
Adj. R^2	0.35	0.43	0.71

注：***、**、*分别表示在1%、5%、10%水平下显著，括号内数值为对应系数的 *t* 统计量。

6. 承销商声誉代理变量的稳健性检验

使用公司上市前一年承销商股票承销金额占所有承销商股票承销总金额的比例为承销商声誉的代理变量，并对式（3.7）至式（3.9）进行回归，结果如表 3.15 所示。对比表 3.5 可以发现，各变量对因变量的解释能力未发生显著变化。

表 3.15　　替换承销商声誉代理变量的稳健性检验结果

变量	(1)	(2)	(3)
	Intrinsic _ up	*MarketR*	*Underpricing*
VU_{yes}	-0.256*	0.213*	0.132**
	(-1.91)	(1.86)	(2.46)
VC_{no}	0.244**	-0.195**	-0.145***
	(2.31)	(-2.20)	(-4.60)
Growth	0.248**	0.092	0.073
	(2.82)	(1.01)	(1.18)
Leverage	-0.621*	0.538	-0.077
	(-1.80)	(1.53)	(-0.45)
Roe	0.010**	-0.015***	0.0003
	(2.27)	(-3.72)	(0.09)
Scale	0.523***	-0.494***	0.008
	(3.82)	(-3.57)	(0.09)
Size	-0.384**	0.435**	-0.231**
	(-2.32)	(2.68)	(-2.48)
Age	0.025**	-0.012*	-0.012***
	(2.37)	(-1.81)	(-3.07)
return _ mar30	3.912***	-1.764**	1.930***
	(5.56)	(-2.81)	(6.34)
Underwriter _ rep	-0.022	-0.258**	-0.189***
	(-0.13)	(-2.04)	(-3.64)
IPOpe	-0.003*	-0.003	-0.002
	(-1.73)	(-1.13)	(-1.62)
Lottery	0.025	0.028	0.011
	(0.56)	(0.87)	(0.64)
Delay	-0.045**	0.024	-0.001
	(-2.49)	(1.53)	(-0.18)
Constant	-2.462	1.894	5.276***
	(-0.90)	(0.89)	(4.98)

续表

变量	(1)	(2)	(3)
	Intrinsic _ up	*MarketR*	*Underpricing*
Year	控制	控制	控制
Industry	控制	控制	控制
N	252	252	252
Adj. R^2	0. 79	0. 41	0. 69

注：＊＊＊、＊＊、＊分别表示在 1%、5%、10% 水平下显著，括号内数值为对应系数的 *t* 统计量。

7. 市场情绪代理变量的稳健性检验

已有文献对使用何种变量来衡量市场热度持有不同的看法，前面的研究使用市场收益率指标，稳健检验中以新股上市首日换手率作为市场热度的度量指标，研究结论保持不变。结果如表 3. 16 所示。

表 3. 16　　　替换市场情绪代理变量的稳健性检验结果

变量	(1)	(2)	(3)
	Intrinsic _ up	*MarketR*	*Underpricing*
VU_{yes}	−0. 233 * (−1. 66)	0. 189 * (1. 66)	0. 132 *** (3. 49)
VC_{no}	0. 197 * (1. 75)	−0. 154 * (−1. 76)	−0. 064 * (−1. 95)
Growth	0. 166 (1. 64)	0. 030 (0. 31)	−0. 064 * (−2. 03)
Leverage	−0. 466 (−1. 29)	0. 450 (1. 32)	−0. 357 *** (−2. 62)
Roe	0. 009 * (1. 91)	−0. 018 *** (−4. 62)	0. 005 *** (2. 87)
Scale	0. 373 ** (2. 61)	−0. 440 *** (−3. 30)	0. 182 *** (3. 00)

续表

变量	(1)	(2)	(3)
	Intrinsic_up	*MarketR*	*Underpricing*
Size	-0.172	0.573***	-0.282***
	(-0.91)	(3.47)	(-4.36)
Age	0.031***	-0.020**	-0.007**
	(2.69)	(-2.38)	(-2.18)
Turnover	0.286	0.802***	0.876***
	(0.95)	(3.49)	(10.44)
Underwriter_rep	-0.920	-2.898**	-1.152*
	(-0.57)	(-2.21)	(-1.91)
IPOpe	-0.003	-0.003	0.002
	(-1.24)	(-1.26)	(1.58)
Lottery	0.060	0.050*	0.002
	(1.28)	(1.67)	(0.16)
Delay	-0.055***	0.022	-0.010*
	(-2.80)	(1.41)	(-1.63)
Constant	-4.161	-2.241	2.170**
	(-1.34)	(-1.00)	(2.25)
Year	控制	控制	控制
Industry	控制	控制	控制
N	252	252	252
Adj. R^2	0.79	0.44	0.78

注：***、**、*分别表示在1%、5%、10%水平下显著，括号内数值为对应系数的t统计量。

8. 使用上市后5日、10日、20日和30日的收盘价计算市场反应率

分别使用新股上市后5日、10日、20日和30日的收盘价对市场反应率指标进行重新计算，并对式（3.8）进行回归，对市场收益率的研究结论仍保持不变，结果如表3.17所示。

表 3.17　使用上市后 5 日、10 日、20 日和 30 日的收盘价计算市场反应率

变量	(1)	(2)	(3)	(4)
	MarketR_5	*MarketR_10*	*MarketR_20*	*MarketR_30*
VU_{yes}	0.211 * (1.96)	0.193 * (1.84)	0.199 * (1.81)	0.207 * (1.95)
VC_{no}	-0.225 ** (-2.60)	-0.213 ** (-2.52)	-0.174 * (-1.91)	-0.178 ** (-2.02)
Growth	0.011 (0.13)	0.042 (0.51)	-0.018 (-0.20)	-0.005 (-0.06)
Leverage	0.637 * (1.88)	0.826 ** (2.49)	0.375 (1.06)	0.453 (1.32)
Roe	-0.011 *** (-3.02)	-0.011 *** (-2.96)	-0.011 *** (-2.91)	-0.012 *** (-3.25)
Scale	-0.548 *** (-4.08)	-0.543 *** (-4.14)	-0.479 *** (-3.39)	-0.516 *** (-3.76)
Size	0.441 *** (2.81)	0.424 *** (2.76)	0.429 ** (2.61)	0.448 *** (2.80)
Age	-0.021 ** (-2.49)	-0.020 ** (-2.43)	-0.021 ** (-2.41)	-0.021 ** (-2.51)
Return_mar30	-1.270 ** (-2.10)	-1.011 * (-1.71)	-1.167 * (-1.85)	-1.036 * (-1.70)
Underwriter_rep	-0.287 ** (-2.40)	-0.302 *** (-2.63)	-0.334 *** (-2.79)	-0.352 *** (-3.06)
IPOpe	-0.001 (-0.57)	-0.002 (-0.65)	-0.002 (-0.60)	-0.002 (-0.66)
Lottery	0.029 (0.89)	0.034 (1.11)	0.024 (0.70)	0.029 (0.88)
Delay	0.018 (1.16)	0.024 (1.61)	0.035 ** (2.14)	0.030 * (1.92)

续表

变量	(1)	(2)	(3)	(4)
	MarketR _5	*MarketR _10*	*MarketR _20*	*MarketR _30*
Constant	2.760 (1.33)	2.826 (1.40)	1.608 (0.74)	1.941 (0.92)
Year	控制	控制	控制	控制
Industry	控制	控制	控制	控制
N	252	252	252	252
Adj. R^2	0.52	0.53	0.47	0.52

注 1. *MarketR _5* 表示用新股上市后 5 天的收盘价计算所得的市场反应率，*MarketR _10* 表示用新股上市后 10 天的收盘价计算所得的市场反应率，*MarketR _20* 表示用新股上市后 20 天的收盘价计算所得的市场反应率，*MarketR _30* 表示用新股上市后 30 天的收盘价计算所得的市场反应率。

2. ***、**、*分别表示在 1%、5%、10% 水平下显著，括号内数值为对应系数的 t 统计量。

3.5 本章小结

风险投资将被投资企业推上市，是融资、投资、管理、退出四部曲中的最后环节，也是决定风险投资绩效的重要步骤，对风投基金利润的最终实现起到决定性作用。风险投资持股企业的新股折价率，成为观察风险投资在退出阶段是否发挥作用和发挥何种作用的主要目标。认证说、逐名说、市场力量说是主要假说。本研究提出：风险投资作为一类重要的金融机构，其社会资本值得关注，其风险投资的一种重要社会资本就体现在风险投资与券商机构的联盟关系上。在新股发行中，风险投资与券商的合作联盟对新股的发行定价产生了重要影响。

为了更好地衡量新股定价效率，本章采用指标分解的方法，构造了反映一级市场定价效率的内在折价率和反映二级市场定价效率的市场反应率两个指标。通过统计风险投资与券商保荐机构之间长期稳定的伙伴关系，将新股分为三大类别：与券商存在合作关系的风险投资持股、与券商不存在合作关系的风险投资持股、无风险投资持股；并构造了混合横截面多元线性回归模型对三类企业的内在折价率、市场反应率及传统折价率进行分析。结果显示，在内在折价率指标上，风险投资与券商存在合作关系的企业<风险投资与券商不存在合作关系的企业<无风险投资持股企业。在市场反应率指标上，风险投资与券商存在合作关系的企业>风险投资与券商不存在合作关系的企业>无风险投资持股企业。本章的结论是：当风险投资与券商存在长期稳定合作关系的时候，风险投资的认证力量和市场作用都得到了提升，表现为存在联盟关系的风险投资持股企业拥有最低的内在折价率和最高的市场反应率。

本章的研究具有一定的贡献。第一，本章研究发现风险投资显著提高了企业IPO首日折价率，这与陈工孟等（2011）、张学勇和廖理（2011）的研究一致。但本章内容揭示了风险投资导致较高折价率的内在原因，在于其市场力量占据主导，超过了认证作用，这与李曜和王秀军（2015）的发现一致，本章更进一步指出风险投资的认证效应和市场力量可能来自风险投资与券商的联盟。第二，风险投资与承销商的长期稳定伙伴关系，吸引了更多的询价机构和网下获配投资者，降低了新股的信息不对称程度。在二级市场上，拥有更多的机构投资者股东。

本章的结论对创业板市场参与者各方具有借鉴价值。对风险投资机构来说，可以与一家券商保荐机构保持长期伙伴关系，从而更好发挥自身的认证作用和市场力量，使被投企业在新股发行定价时准确定价、提高定价效率，同时在二级市场上获得较好的关注和市场价格。对投资者而言，在投资新股时可以选择那些与券商存在长期伙伴关系的风险投资所参股的公司作为投资对象，以提高盈利的概率。

与此同时，本章的研究也具备一定的政策指导意义。本章研究发现风险投资与承销商之间的长期合作可以提高新股的定价效率，因此，风险投资机构可以考虑与承销商之间建立一种长期稳定的合作关系，充分利用其社会资本为资本市场服务。

第4章
风险投资对创业板上市企业并购定价效率的影响

本章研究了风险投资对创业板上市企业并购定价效率的影响。首先，本章将创业板上市企业在并购宣告前后的累计超额回报率作为度量并购绩效，即并购定价效率的指标，将风险投资的持股比例合计数和风险投资机构家数作为度量风险投资参与度的指标，通过理论分析提出了风险投资、风险投资参与度高低、风险投资声誉高低对上市企业并购绩效产生的影响，得出研究假设。随后采用创业板企业并购数据对上述假说进行了经验分析。然后，本章分析并检验了风险投资、风险投资的参与度高低、风险投资的声誉对上市企业并购绩效影响的两条机制：通过影响并购溢价和并购后的资源整合进而影响并购绩效。最后，得出研究结论并给出相应的政策建议。

4.1 引言

近年来，由于风险投资在推动全球经济增长中所表现出的突出作用，越来越多的学者开始对风险投资如何发挥企业的价值增值机制展开了研究。在企业 IPO 定价效率（Barry 等，1990）、投融资效率（吴超鹏等，2012）和研发创新（Kortum 和 Lerner，2000）等方面，已有文献认为风投均对被投企业发挥了价值增值机制作用。不过，目前尚鲜有学者关注风险投资是否会影响企业上市后的并购绩效这一重要问题。

在创业板实现上市，标志着企业生命周期进入了新的阶段，企业发展实现了重大跨越。企业成功上市之后，紧接着常常发生频繁的并购行为。统计数据显示，在我国创业板 2013 年底前上市的 355 家公司中，在 2010—2013 年有 189 家公司在上市后完成了 333 起并购事件，平均每家公司 1.8 例。事实上，在被投企业成功上市后，风险投资仅仅从账面上获得退出，事实上并不能退出。由于受到解禁期的限制①，风险投资的持股在短期内无法变现。即使在解禁期之后，考虑到解禁所带来的流动性冲击，风险投资的退出也不是集中卖出的（徐欣和夏芸，2015）。在本书的研究样本中，风险投资在公司上市后退出的比例较低，在公司上市 1 年之后仅有 6.8% 的风险投资实现退出②，3 年之后仅有 42% 的风险投资实现退出，可见在企业上市之后的 1—3 年里，风险投资仍会留在被投企业里继续发挥作用。

为了考察风险投资在企业并购中所发挥的作用，本章以创业板上市企业在 2010—2013 年所发生的并购事件作为研究对象，层层递进分析以下三个问题：（1）如果被投企业进行大规模并购，作为专业化的金

---

① 《深圳证券交易所创业板股票上市规则》规定，发起人股东持股在被投企业上市后至少一年内不得上市流通。

② 上市公司在定期报告中仅对前十大股东信息进行详细披露，受限于数据来源，本书的研究只能观测到企业上市之后的前十大股东中是否有风险投资。本书的研究统计原则如下：若上市公司定期报告中披露的前十大股东有风险投资，则认为风险投资尚未退出，若前十大股东中不再有风险投资，则认为风险投资退出该企业。因此，风险投资的实际退出率应当低于本研究统计的退出率（因为风险投资可能因减持从前十大股东中消失，但仍然持有被投企业股份）。

融机构，风险投资对其持股企业的并购绩效会产生何种影响呢？相比其他企业，有风险投资背景的企业在并购中是否能更好地筛选目标公司、更合理地估值定价、进而表现出更好的并购绩效？（2）风险投资的参与度高低（持股比例、持股家数）是否会对创业板上市企业的并购绩效产生影响？（3）声誉作为风险投资机构一项最重要的无形资产，已有文献认为不同声誉的风险投资对企业的增值服务存在显著差异（张学勇和廖理，2011），那么，不同声誉的风险投资对被投企业并购绩效的影响是否存在差异？

本章余下部分的安排如下：第二部分是相关文献回顾，并提出研究假说；第三部分是研究设计与统计学描述；第四部分是实证结果与分析；第五部分是结论与启示。

4.2 理论基础和研究假设

4.2.1 有无风险投资背景的企业并购绩效假设

在企业并购中，风险投资的认证效应可能产生如下影响：（1）降低并购中的信息成本。目标公司出于对自身利益的考虑，需要了解并购方的支付能力以及真实意图。而收购方股东中的风险投资特别是拥有声誉的风险投资机构，可以向目标方传递出并购方质量良好的信号，降低目标方的抵触和怀疑心理，减少目标方的信息搜寻成本。（2）降低并购中的谈判成本。作为专业金融机构，创业板公司中的风险投资股东是一种对并购方资金实力和发展潜力的认可，可以减少并购方为了向目标方证实自身实力所进行的磋商与交流，降低谈判成本。（3）降低并购支付成本。当采取以股票作为支付手段时，风险投资参股企业可向目标方传递出并购方企业质量优越的信号，增强目标方股东接受股票支付的意愿，降低并购的支付成本。(4) 有利于并购后的资源整合。风险投资参股有利于增强收购方和目标方企业的管理层和员工对并购创造协同效应的信心，产生更强的认同感，有利于降低双方核心管理人员和关键员工的抵制情绪，加快并购后的资源整合。

风险投资的监督增值功能可以对并购绩效产生如下影响：

(1) 降低并购中的代理成本。经典并购理论认为一项并购行为往往是由于收购方管理层的帝国构建、自大动机等发起的（Roll，1986；张新，2003），因此并购是收购方管理层代理成本的体现。但当收购方股东中存在风险投资时，风险投资股东将会限制收购方管理层出于扩大企业规模、浪费自由现金流量的并购行为（吴超鹏等，2012），因此风险投资股东支持的企业并购，更可能是出于公司战略、能够产生协同效应的理性行为。

(2) 降低并购中的信息成本。作为一家专业的投资机构，风险投资有着深刻的行业洞察力，因此对要收购资产的市场前景和市场地位等作出的判断，可能比收购方管理层更为准确独到。同时，风险投资合伙人通常具备较强的财务特长和尽职调查能力，能够对目标方的资产、利润、现金流、税务等进行更为专业的分析和判断，避免掉入并购陷阱。这些都能够降低并购方的信息搜寻和识别成本。①

(3) 降低并购的支付成本。风险投资能够在尽职调查中发挥其专业化的投资优势，帮助收购方企业准确评估目标方的价值，防止因判断失误、支付过高的并购费用等导致并购失败（Barry 等，1990）。

---

① 目前国内“上市公司 + PE/VC”的运作模式流行，主要就是上市公司借助 PE/VC 的专业能力，来收购行业资产，寻找新的增长点，扩大上市公司的成长和盈利能力。

（4）有利于并购后的资源整合。风险投资的监督管理功能可以在并购后继续发挥作用，帮助企业物色到更优秀的管理人员、协助企业制定更合理的人力资源政策、协调企业并购后的文化差异，从而降低并购整合失败的风险（Hellmann 和 Puri，2002）。

综上推论，提出本章的第一个假设：

假设1：风险投资持股企业的并购绩效显著高于无风险投资背景的企业并购。

4.2.2 风险投资参与度高低对并购绩效影响的假设

风险投资对企业的参与度主要表现在风险投资机构数量和风险投资的持股比例两个维度。在并购活动中，一家创业板企业中风险投资股东家数的增多将具备以下优势：第一，多家风险投资机构可以实现集思广益，在协助上市公司对并购目标进行尽职调查时可以降低并购估值错误的风险（Sørensen 和 Stuart，1999）。第二，多家风险投资机构可以更好地缓解并购双方之间的信息不对称（Lerner，1994）。同时多家风险投资机构的持股，能够增强目标企业对并购方的信心，降低对并购的抵触心理，有助于并购双方之间的磋商和谈判，降低并购成本。第三，多家风险投资可以实现优势互补、信息共享和相互监督，增值功能将进一步提高，有利于并购后的资源整合（Hochberg，2008）。

伴随着持股比例的提高，风险投资对企业的掌控力、影响力和话语权也会随之提高，从而使风险投资在并购中的认证效应和监督增值功能随之提高，风险投资所具备的管理能力及资本运作优势也能得到更好地发挥（陈见丽，2012）。从风险投资的角度来看，随着持股比例的增加，风险投资越有动力主动参与并购活动。从目标方的角度来看，当主并方中风险投资的持股比例越高，就越能传递出主并方质量优越、经营有方的信号，从而更好地缓解并购双方信息的不对称。

总体来看，在主并方企业中，使风险投资机构数目和持股比例的增加具有优化选择和价值增值的作用，使风险投资在并购中的认证效应和监督功能进一步得到提高。基于此，本章提出第二个假设：

假设 2：对于有风险投资背景的企业来说，随着风险投资参与度的提高，企业的并购绩效也将随之提高。

4.2.3　不同声誉风险投资背景的企业并购绩效假设

声誉是风险投资业的一种宝贵资产。由于私募特征，风险投资市场的信息不对称程度较高且国内该行业市场的竞争度不断上升①，风险投资机构的声誉能够为潜在的 LP 投资人提供信息。高声誉的风险投资能为创业企业提供更好的增值服务，促进企业发展（顾春一和李远勤，2015）。风险投资声誉的形成主要依赖于风险投资机构/基金的从业经验、存续历史、以往的投资业绩、专业技能、所掌握资金的规模大小等（刘晓明等，2010）。高声誉的风险投资在企业并购中将发挥如下优势：（1）高声誉风险投资在并购活动中具备更好的认证效应，由于高声誉风险投资的存续历史较长、投资经验丰富，因此可以更好地缓解并购双方之间的信息不对称，弱化目标方的抵触心理，降低信息成本和谈判成本，促进并购顺利进行。（2）更高的监督增值功能。高声誉风险投资往往具备丰富的投资经验和深刻的行业洞察力，能够对并购标的甄别和估值提供更为专业化的服务（Gompers 等，2009）；高声誉的风险投资

---

① 可参见清科、投中两大数据供应商提供的各年度 PE/VC 市场数据（2009—2015 年）。

也会花费更多的时间去监督和治理其被投公司（Nahata，2008），因此高声誉风险投资在并购之后的资源整合上将更具备优势。基于此，本章提出第三个假设：

假设 3：高声誉风险投资支持企业的并购绩效显著高于低声誉风险投资支持企业的并购绩效。

4.3 研究设计与统计性描述

4.3.1 样本与数据来源

本章的研究将并购宣告日界定在 2010—2013 年，由创业板上市企业作为主并方完成的 333 起并购事件作为初始样本，并按照以下原则对初始样本进行筛选：第一，对于同一家公司在同一年份完成的多起并购，仅保留公司在当年所完成的第一起并购，以降低不同并购事件间的相互影响；第二，若同一家公司在不同年份发生多次并购，则视为多次样本事件；第三，删除信息不全的并购事件。参照以上筛选规则，本研究最终得到了 174 个样本观测值。其中，并购事件的相关信息来自 Wind 数据库，并购方的财务信息、首日公开发行信息来自 CSMAR 数据库，目标方的财务信息、风险投资的参与度信息等来自并购方在深圳证券交易所公布的并购可行性研究报告，通过手工收集整理获得。

4.3.2 研究变量选取

1. 被解释变量

根据研究假设，设置企业并购后的市场反应（市场绩效）作为度量并购绩效的变量，即本研究的被解释变量。

并购绩效：本研究以并购宣告日前后 1 天的主并方股票的累计超额回报率［*CAR*（-1，1）］作为并购绩效的度量指标①。在计算累计超额回报率（*CAR*）时，根据 Brown 和 Warner（1985）的市场模型法对超额回报率进行估算，即 $R_i = \alpha + \beta R_m + \varepsilon$，其中 R_i 为并购方 i 的股票日收益率，R_m 为创业板指数的日收益率。参考 Warner（2007）的做法，选择并购宣告日前 150 个交易日至前 30 个交易日作为估计窗口期，根据以估计窗口期数据估计得到的 α 和 β 来计算并购宣告日前 1 个交易日至后 1 个交易日的日超额收益率（以实际值减去预测值得到超额收益率），将并购宣告日前 1 个交易日至后 1 个交易日的超额收益率累加得到 *CAR*（-1，1），作为并购绩效的度量指标，以 *CAR*（-3，3）和 *CAR*（-10，10）作为并购绩效的稳健性检验指标。

2. 解释变量

（1）企业是否有风险投资背景：借鉴吴超鹏等（2012）、蔡宁和何星（2015）的做法。首先，下载国泰安数据库中披露的创业板企业并购事件发生当年的前十大股东名单。其次，将前十大股东名单与清科数据库 2009—2013 年的《中国创业投资暨私募股权投资机构名录》进行交叉核对，如果该股东被收录，则认定该企业有风险投资背景；若该股东未出现在名录中，但在股东说明中该股东的主营业务为创业投资、风险投资，则认为该上市公司也属于有风险投资背景的企业②。

（2）风险投资的参与度：设置“风险投资的机构家数（*VC-number*）”和“风险投资的总持股比例之和（*VC-shares*）”两个指标来度

① 由于并购绩效的计算方法采用市场模型法，因此，该并购绩效相当于市场对并购事件的定价。若并购是有效的，则并购绩效应当显著为正。

② *VC* 的界定与第 3 章 *VC* 的界定相同。

量风险投资的参与度。

（3）风险投资的声誉（*VC - rep*）：根据清科数据库中统计的“2009—2013 年度中国创业投资暨私募股权投资年度排名”来界定风投是否具有声誉。清科 VC/PE 排名是从投资、管理、融资和退出四个方面对风险投资和私募股权机构进行了综合考察，选取了管理资金规模、新募集基金规模、投资案例个数、成功退出案例个数、回报率水平等指标进行综合衡量。迄今为止，该排名已经连续公布了 13 年，以其独立性、公正性、客观性和专业性受到业界人士的广泛认可与关注。借鉴前人文献（陈见丽，2012），本书将清科数据库所公布的风险投资排名作为度量风投声誉的标准①，若并购事件发生前一年，某风险投资进入了清科风险投资年度榜单的前十名，则认为该风险投资具有高声誉，该并购事件为高声誉风投支持的并购事件。

3. 控制变量

以往研究经验表明，主并方的财务质量和公司治理、目标方的财务质量等，都将会对并购绩效产生影响。借鉴前人文献（Arikan 和 Capron，2010；潘红波和余明桂，2014），本章的研究选取了以下控制变量：并购相对规模（*RS*）、并购双方是否属于同一行业（*SI*）、并购是否是现金并购（*Cashpay*）、是否聘请财务顾问（*Consultant*）、主并方的规模（*Size*）、成长性（*Growth*）、盈利能力（*Roa*）、负债结构（*Lev*）、自由现金流比率（*FCF*）、所有权性质和公司治理情况（*Block*）、目标方的盈利能力（Roa_{target}）和负债结构（Lev_{target}）、行业虚拟变量（*Industry*）和年度虚拟变量（*Year*）。

各研究变量的定义与说明如表 4.1 所示。

---

① 有关 *VC* 声誉的界定，与第 3 章中相同。

表 4.1　　研究变量说明

<table>
<tr><th colspan="2">变量名称</th><th>变量符号</th><th>计算方法</th></tr>
<tr><td colspan="4">被解释变量</td></tr>
<tr><td rowspan="2">并购绩效</td><td rowspan="2">并购市场绩效</td><td>CAR（-1，1）</td><td>并购宣告日前后 1 天的累计超额回报率</td></tr>
<tr><td>CAR（-3，3）</td><td>并购宣告日前后 3 天的累计超额回报率</td></tr>
<tr><td colspan="4">解释变量</td></tr>
<tr><td colspan="2">有无风险投资背景</td><td>VC</td><td>虚拟变量，若主并方有风险投资背景则为 1，否则为 0</td></tr>
<tr><td rowspan="2">风险投资参与度</td><td>风险投资个数</td><td>VC - number</td><td>主并方并购时的风险投资机构家数</td></tr>
<tr><td>风险投资持股比例</td><td>VC - shares</td><td>主并方并购时风险投资的合计持股比例数</td></tr>
<tr><td>风险投资声誉</td><td>VC - rep</td><td colspan="2">虚拟变量，若并购前一年该风险投资属于清科数据库公布的年度 VC 排行榜的前十名机构，则为 1，否则为 0</td></tr>
<tr><td colspan="4">控制变量</td></tr>
<tr><td colspan="2">并购相对规模</td><td>RS</td><td>并购交易金额/主并方在并购前一年的总资产</td></tr>
<tr><td colspan="2">并购是否属于同一行业</td><td>SI</td><td>虚拟变量，若主并方和目标方属于同一行业，则为 1，否则为 0</td></tr>
<tr><td colspan="2">并购是否属于现金并购</td><td>Cashpay</td><td>虚拟变量，若采取现金支付，则 Cashpay 为 1，否则为 0</td></tr>
<tr><td colspan="2">并购是否聘请财务顾问</td><td>Consultant</td><td>虚拟变量，若聘请财务顾问，则 Consultant 为 1，否则为 0</td></tr>
<tr><td colspan="2">主并方的规模</td><td>Size</td><td>主并方在并购前一年的总资产的自然对数</td></tr>
<tr><td colspan="2">主并方的成长性</td><td>Growth</td><td>主并方在并购前一年的营业总收入的增长率</td></tr>
</table>

续表

变量名称	变量符号	计算方法
控制变量		
主并方的盈利能力	*Roa*	主并方在并购前一年的净利润/期末总资产
主并方的负债结构	*Lev*	主并方在并购前一年的期末总负债/期末总资产
主并方的自由现金流比率	*FCF*	主并方在并购前一年的自由现金流/总资产
主并方的所有权性质	*Character*	虚拟变量，若主并方为国有企业，则取1，否则为0
主并方的公司治理	*Block*	主并方在并购当年的第一大股东持股比例
目标方的盈利能力	Roa_{target}	目标方在并购前一年的净利润/年末总资产
目标方的负债结构	Lev_{target}	目标方在并购前一年的年末总负债/年末总资产
年度虚拟变量	*Year*	交易发生在2010—2013年4个年份，因此设置3个年度虚拟变量
行业虚拟变量	*Industry*	根据Wind行业的一级行业分类标准进行划分

4.3.3 模型设计

为了检验假设1，本研究构建了多元线性回归模型4.1来分析有无风险投资背景对企业并购绩效的影响，如式（4.1）所示：

$$CAR = \alpha + \beta_1 VC + \beta_2 X + \varepsilon \tag{4.1}$$

其中，并购绩效使用 *CAR*（-1，1）来衡量；*VC* 代表企业是否有风险投资支持，若企业有风险投资背景，则 VC 为 1，否则为 0；X 代表控制变量。为了进一步分析风险投资的参与度和风险投资的声誉对企业并购绩效的影响，本章的研究又分别构建了式（4.2）和式（4.3）所示的模型分别对假设 2 和假设 3 进行检验：

$$CAR = \alpha + \beta_1 VC - number/VC - shares + \beta_2 X + \varepsilon \tag{4.2}$$

$$CAR = \alpha + \beta_1 VC - rep + \beta_2 X + \varepsilon \tag{4.3}$$

模型 2 是在模型 1 的基础上，对于有 VC 支持企业发起的并购事件，将风险投资参与度细分为 VC 机构家数和 VC 持股比例两个指标来进行观察；模型 3 是在模型 1 的基础上，在有 VC 支持企业发起的并购事件中，观察 VC 声誉对并购绩效的影响。

4.3.4　主要变量的统计性描述

各研究变量的统计性描述如表 4.2 所示，可知：（1）并购宣告日前后 1 天的累计超额回报率均值为 2.7%，前后 3 天的累计超额回报率均值为 3.9%，均在 1% 的显著性水平下异于零，这表明并购宣告前后市场对该信息的反应显著为正，即并购绩效显著为正。（2）46.6% 的企业在并购时有风险投资背景，平均每家公司有 0.8 家风投机构，风投的持股比例平均为 4.67%，而高声誉风投参股的并购案例较少，仅占 12.6%。（3）并购的交易金额占主并方前一年资产规模的 11.7%，大约有 76.4% 的并购属于横向并购。有 86.2% 的企业在并购时会选择以现金进行支付，15.5% 的企业在并购时选择了财务顾问。（4）就目标方的盈利能力和负债水平来看，目标方在并购基准日的总资产收益率均值为 8.1%，最小值为 −77.4%，资产负债率均值为 61.1%，最大值为 759.6%，这表明部分目标方企业在并购时可能处于亏损和资不抵债的情况，这说明，主并方对目标方的筛选和估值能力尤为重要。

表 4.2　　主要变量的统计描述

变量	均值	中位数	最小值	最大值	标准误
CAR（-1，1）	0.027***	0.022	-0.274	0.228	0.069
CAR（-3，3）	0.039***	0.022	-0.343	0.448	0.108
VC	0.466***	0.000	0.000	1.000	0.500
VC-number	0.787***	0.000	0.000	5.000	1.034
VC-shares（%）	4.669***	0.000	0.000	54.560	7.711
VC-rep	0.126***	0.000	0.000	1.000	0.333
RS	0.117***	0.047	0.000	0.935	0.168
SI	0.764***	1.000	0.000	1.000	0.426
Cashpay	0.862***	1.000	0.000	1.000	0.346
Consultant	0.155***	0.000	0.000	1.000	0.363
Size	20.676***	20.635	18.679	22.566	0.704
Growth	0.112***	0.150	-0.918	0.927	0.323
Roa	0.073***	0.064	-0.126	0.360	0.053
Lev	0.182***	0.154	0.010	0.661	0.127
FCF	0.020***	0.025	-0.250	0.305	0.070
Character	0.017*	0.000	0.000	1.000	0.131
Block（%）	34.515***	33.345	8.887	65.173	12.778
Roa_{target}	0.081***	0.058	-0.774	1.996	0.289
Lev_{target}	0.611***	0.505	0.000	7.596	0.777

注：均值右上角的星号为检验各变量均值是否为 0 的双侧 T 检验结果，***，**和*分别代表在 1%、5% 和 10% 的显著性水平下显著。

4.4 实证检验与结果分析

4.4.1 分组单变量检验结果

在回归分析之前，我们以企业是否有风险投资背景为标准，将样本划分为有风险投资背景组和无风险投资背景组，并对被解释变量进行了分组检验，结果如表 4.3 所示。

表 4.3　　有无风险投资持股的并购绩效的均值检验

变量	有风险投资背景组	无风险投资背景组	T 值	Z 值
CAR（-1，1）	0.031	0.023	2.028**	1.969**
CAR（-3，3）	0.052	0.029	1.876*	1.439
样本数	81	93	—	—

注：统计检验采用双尾 *t* 检验和 Wilcoxon 检验。* * *、* * 和 * 分别表示在 1%、5% 和 10% 水平上显著。

表 4.3 显示，有风险投资支持的企业 *CAR*（-1，1）平均为 0.031，无风险投资支持的企业 *CAR*（-1，1）平均为 0.023，前者在 5% 的显著性水平下高于后者。对于 *CAR*（-3，3），前者也显著高于后者，这表明有风险投资支持企业的并购绩效优于无风险投资支持的企业。

风险投资的参与度及其声誉与企业并购绩效的分组对比结果如表 4.4所示。

表 4.4　风险投资参与度、风投声誉高低与企业并购绩效的组间对比

分组标准		样本	变量的平均值	
			CAR（-1，1）	*CAR*（-3，3）
风险投资机构家数	A 组（1 家）	40	0.025	0.041
	B 组（2～3 家）	36	0.035	0.058
	C 组（4 家及以上）	5	0.049	0.079
风险投资持股比例合计	a 组（0～10%）	50	0.021	0.046
	b 组（10%～20%）	23	0.047	0.057
	c 组（20%～30%）	5	0.048	0.064
	d 组（30% 以上）	3	0.051	0.072
风险投资机构声誉高低	Ⅰ组：（高声誉 *VC*）	22	0.033	0.063
	Ⅱ组：（低声誉 *VC*）	59	0.031	0.047

在表 4.4 中，按照风险投资机构个数、风险投资持股比例合计数和风险投资声誉的高低，我们进一步将有风险投资支持的公司划分成不同的样本组进行比较。在研究风险投资参与度对并购绩效的影响时：（1）首先以风险投资机构家数作为分组标准，将有风险投资背景的样

本分为A组、B组和C组，然后对数据进行分组均值统计。观察三组的 *CAR*（-1，1）和 *CAR*（-3，3）的变动，可以发现，随着风险投资机构家数的增多，并购绩效逐步提高①；特别是对于C组样本（4家及以上VC股东），当主并方股东中存在较多的联合风险投资时，*CAR*（-3，3）高达7.9%，说明多家风险投资机构能够实现集思广益，能够更好地发挥认证和监督作用。（2）我们以风险投资持股比例作为度量风险投资参与度的指标，将有风险投资背景的样本分为a. b. c. d四组，然后对数据进行分组均值统计。观察表4.4可以发现，随着风险投资持股比例的提高，并购绩效逐步提高。（3）以风险投资机构声誉为分组标准，将样本公司划分为Ⅰ、Ⅱ两组，统计结果显示，高声誉风险投资支持企业的并购绩效均高于低声誉风险投资支持的企业。

4.4.2 多元回归分析结果

1. 有无风投背景对企业并购绩效的影响分析

基于创业板上市企业并购事件的全样本，运行式（4.1）的回归模型，如表4.5的第（1）列所示：有风险投资背景的企业并购绩效在5%的显著性水平下高于无风险投资背景的企业3.2%，这验证了本章的假设1。即风险投资在企业的并购活动中发挥了认证功能和监督功能，相比于无风险投资支持的企业，有风险投资支持的企业表现出更好的并购绩效。

2. 风险投资参与度对企业并购绩效的影响分析

基于有风险投资背景的创业板上市企业完成的并购事件，运行式

---

① 尽管表4.4的结果显示，随着企业风险投资参与度的提高，并购绩效呈现逐渐上升的规律，但这可能是由于分组的规则导致的。因此单变量分组统计的结果并不能直接作为接受假设2和假设3的证据。

（4.2）的回归模型，如表 4.5 的第（2）、第（3）列所示：当采用风险投资机构家数作为风险投资参与度的度量指标时，企业股东中风险投资机构的家数每增加 1 个单位时，主并方的并购绩效将增加 5.8%，上述结论在 5% 的显著性水平下显著。这表明风险投资家数的增加会提高主并方的并购绩效。当使用风险投资持股比例作为风险投资参与度指标时，风险投资持股比例每提高 1 个单位，企业并购绩效将显著提高 0.4%。

3. 风险投资机构声誉的高低对企业并购绩效的影响分析

基于有风险投资背景的创业板上市企业完成的并购事件，运行式（4.3）的回归模型，如表 4.5 的第（4）列所示：高声誉风险投资背景企业的并购绩效在 5% 的显著性水平下高于低声誉风险投资背景的企业 5%。这说明：高声誉的风险投资往往伴随着更为丰富的投资经验和较强的专业技能，能够更好地在并购中发挥作用。

表 4.5　　多元线性回归结果

Variable	并购绩效 *CAR*（-1，1）			
	（1）	（2）	（3）	（4）
VC	0.032 ** （2.30）			
VC - number		0.058 ** （2.09）		
VC - shares			0.004 ** （2.50）	
VC - rep				0.050 ** （2.20）
RS	-0.020 （-0.30）	0.488 *** （4.00）	0.461 *** （2.93）	0.325 ** （2.39）
SI	-0.018 （-0.96）	-0.078 * （-1.91）	-0.043 （-1.21）	-0.006 （-0.25）

续表

Variable	并购绩效 CAR（-1，1）			
	（1）	（2）	（3）	（4）
Cashpay	0.055 （0.14）	0.113 （1.01）	0.037 （0.27）	0.004 （0.01）
Consultant	0.062 （0.16）	-0.114 （-1.07）	-0.143 （-1.07）	-0.100 （-0.25）
Size	-0.006 （-0.53）	-0.044** （-2.17）	-0.007 （-0.36）	0.019 （1.39）
Growth	-0.098*** （-3.82）	0.092 （1.60）	0.001 （0.03）	0.046 （1.25）
Roa	-0.218 （-1.35）	0.153 （0.21）	0.148 （0.26）	-0.335 （-0.75）
Lev	-0.246*** （-2.71）	0.171 （1.26）	0.086 （0.84）	0.015 （0.25）
FCF	-0.466*** （-2.87）	-1.406*** （-3.95）	-0.382* （-1.95）	-0.006 （-0.03）
Character	-0.055 （-1.09）	0.222** （2.47）	0.0937 （0.32）	0.049 （0.57）
Block	0.0002 （0.40）	0.0004 （0.41）	0.002** （2.02）	0.001 （1.41）
Roa_{target}	0.036 （1.28）	-0.058 （-0.70）	-0.165* （-1.97）	-0.046 （-0.61）
Lev_{target}	-0.030** （-1.98）	-0.004 （-0.21）	-0.035** （-2.25）	-0.076*** （-2.71）
Constant	0.221 （0.44）	0.827* （1.72）	0.072 （0.15）	-0.366 （-0.74）
Year	控制	控制	控制	控制
Industry	控制	控制	控制	控制
N	174	81	81	81
Adj. R^2	0.23	0.74	0.34	0.79

注：***、**、*分别表示在1%、5%、10%水平下显著，括号内数值为对应系数的 *t* 统计量。

4.4.3　风险投资影响企业并购绩效的作用机制

1. 风险投资对并购绩效两种影响机制的理论探讨

上文的发现说明，有风险投资支持的企业并购绩效显著优于无风险投资支持的企业。那么，风险投资对企业并购绩效产生影响的机制究竟是什么呢？

首先，前面的研究逻辑分析认为，假若企业有风险投资背景，则认证效应使并购中的信息不对称程度有所缓解，并购中的信息成本、谈判成本、支付成本都将有所降低；而监督功能则使得主并方能更合理地评估目标方价值，支付成本也将降低。因此，我们提出：有风险投资背景的企业提高企业并购绩效的渠道之一是有风投背景的企业支付的并购溢价①低于无风投背景的企业（陈仕华等，2013）。

其次，假若风险投资能够发挥认证功能和监督功能，那么有风险投资背景的企业在并购完成之后的资源整合度应当较高，可能表现为企业员工的人才流失程度较低，员工工作热情更高。然而，企业在并购之后的员工离职率、员工工作热情和员工满意度等数据较难获得。为了解决该问题，借鉴前人文献（Doyle 和 Mcvay，2007；杨道广等，2014），本章研究采用并购之后企业的内部控制有效性作为企业并购后资源整合是否有效的代理变量。原因如下。

第一，有效的内部控制能优化并购目标的选择，确保目标方与本企业在战略目标、关键资源及产业链等方面呈现最大限度的一致性或互补性。在建立了有效内部控制系统的企业中，相互制衡的决策机制、严格

① 并购溢价是主并方企业购买目标企业股权或资产所支付的成本，是并购成本的直观度量。并购溢价的相对数特征也使其易于横向比较。

的控制与监督活动、畅通的信息与沟通渠道能有效抑制管理者的机会主义行为（杨德明等，2009）以及减少决策偏误。

第二，有效的内部控制能缓解整合过程中存在的信息不对称。在企业并购后的整合过程中，企业战略计划的制定、各分部目标的确定、资源的合理分配、业绩考核以及贯穿于始终的信息反馈及控制活动，无一不依赖大量的高质量信息。很大程度而言，信息的数量和质量决定了并购的成败（Skaife 和 Wangerin，2013）。从财务会计信息角度而言，有效的内部控制可通过减少无意过失和故意操纵提高应计信息质量；而且内部控制越好，会计稳健性越强、信息含量也越高。从非财务信息的角度而言，在内部控制质量较高的企业中，企业内部员工之间以及内部与外部（供应商、顾客、政府等）之间通过频繁和有效的沟通能够传递更多特定的非财务信息。因此，内部控制质量更高的企业其信息不对称程度也更低（黄寿昌和杨雄胜，2010；Skaife 等，2013）。

第三，有效的内部控制还可以减少整合过程中的利益冲突和意见分歧。相对而言，内部控制越有效，企业整体人员的思想和业务素质越高（Doyle 和 Mcvay，2007），因而理解并执行战略整合目标的能力更强。通过企业经营理念的宣传和管理者的模范作用，目标方能够更快地认识并认同主并方企业的文化，因而整体的凝聚力和大局意识增强，不同的利益和意见得以协调，减少了整合中的抵制情绪。而合理的管理者授权和职责分工使各级管理者及员工明确自己的职责以及在并购整合过程中的作用，因而能减少职能重叠、提高执行效率。

因此，笔者认为，有风投背景的企业提高并购绩效的另一个渠道是——有风投背景的企业在并购之后的资源整合更为有效。具体表现是并购完成后一年企业的内部控制更为有效，发生重大缺陷的概率较低。

综上所述，风险投资对企业并购绩效发挥影响的两个渠道机制如图 4.1 所示。

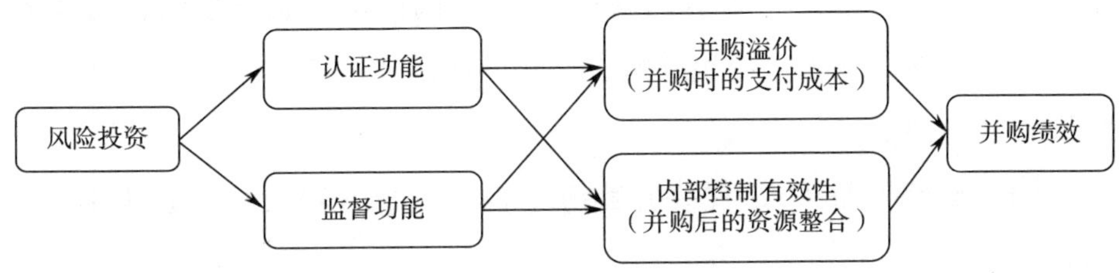

图 4.1　风险投资对影响并购绩效的两个渠道机制

为了检验上述两个渠道机制，即风险投资——发挥认证功能和监督功能——并购溢价、内部控制有效性（整合作用）——企业并购绩效，本章构建了如式（4.4）、式（4.5）所示的模型：

$$Premium = \alpha + \beta_1 VC + \beta_2 RS + \beta_3 SI + \beta_4 Cashpay + \beta_5 Consultant + \beta_6 Roa_{target} + \beta_7 Lev_{target} + \varepsilon \quad (4.4)$$

$$Control = \alpha + \beta_1 VC + \beta_2 Size + \beta_3 Growth + \beta_4 Roa + \beta_5 Lev + \beta_6 FCF + \beta_7 Character + \beta_8 Block + \varepsilon \quad (4.5)$$

（1）被解释变量。式（4.4）中的被解释变量为并购溢价（Premium）。其中，关于并购溢价的度量，国外学者（Reuer 等，2012）多数采用并购的交易对价与目标方在并购前的市场价值的偏离程度：并购溢价 =（每股收购价格 - 目标方的每股市值）/目标方的每股市值。然而，由于本章样本中的目标方均为未上市企业，无法获得每股市场价值。在我国并购实践中，对于未上市企业的收购，大多数采用目标方在并购基准日的净资产账面价值作为基准。因此，本章参考陈仕华和卢昌崇（2013）的做法界定并购溢价：并购溢价 =（交易总价值 - 目标方的净资产 × 转让比例）/（目标方的净资产 × 转让比例）。式（4.5）中的被解释变量为内部控制的有效性（Control），本章将企业在并购事件一年之后发生的内部控制缺陷分为三类：一般缺陷、重要缺陷和重大缺陷①，并分别赋值为1、2和3，将不同种类的内部控制缺陷数目与缺陷的计分值相乘并求和，得出并购方该年的内部控制有效性程度，分值越高，有效性越低。

（2）解释变量。*VC* 代表并购方是否有风险投资背景，是为1，否为0。

（3）控制变量。参考前人文献（陈仕华和卢昌崇，2013；王艳，2014），本章选取影响并购溢价的控制变量如下：并购相对规模（*RS*）、并购是否属于同一行业（*SI*）、并购是否属于现金并购（*Cashpay*）、是否聘请财务顾问（*Consultant*）、目标方的盈利能力（Roa_{target}）和负债结构（Lev_{target}）、行业虚拟变量（*Industry*）和年度虚拟变量（*Year*）②。借鉴前人文献（刘启亮等，2012；赵渊贤和吴伟荣，2014），本书选取影响主并方内部控制有效性的控制变量如下：并购方的规模（*Size*）、成长性（*Growth*）、盈利能力（*Roa*）、负债结构（*Lev*）、自由现金流比率（*FCF*）、所有权性质（*Character*）和公司治理情况（*Block*）、行业虚拟变量（*Industry*）和年度虚拟变量（*Year*）③。

---

① 根据2010年4月15日财政部、证监会、审计署和银监会联合发布的《企业内部控制评价指引》第四章“内部控制缺陷的认定”第十七条，“重大缺陷，是指一个或多个控制缺陷的组合，可能导致企业严重偏离控制目标。重要缺陷，是指一个或多个控制缺陷的组合，其严重程度和经济后果低于重大缺陷，但仍有可能导致企业偏离控制目标。一般缺陷，是指除重大缺陷、重要缺陷之外的其他缺陷。”有关企业内部控制缺陷的数据来自国泰安数据库根据企业年报披露数据的统计。

② 有关影响企业并购溢价的控制变量的定义和计算方法与书中表4.1中影响企业并购绩效的控制变量的定义和计算方法相同，此处不再赘述。

③ 由于内部控制的有效性度量的时间是在并购发生后一年，因此选取的影响内部控制有效性的控制变量也均为并购发生后一年，其定义与表4.1中影响企业并购绩效的控制变量的定义相同，只是计算的时间不同，此处不再赘述。

为了进一步分析风险投资的参与度及其声誉对并购溢价和内部控制有效性的影响，本章又分别构建了如式（4.6）至式（4.9）所示的模型：

$$Premium = \alpha + \beta_1 VC - number(VC - shares) + \beta_2 RS + \beta_3 SI + \beta_4 Cashpay + \beta_5 Consultant + \beta_6 Roa_{target} + \beta_7 Lev_{target} + \varepsilon \quad (4.6)$$

$$Control = \alpha + \beta_1 VC - number(VC - shares) + \beta_2 Size + \beta_3 Growth + \beta_4 Roa + \beta_5 Lev + \beta_6 FCF + \beta_7 Character + \beta_8 Block + \varepsilon \quad (4.7)$$

$$Premium = \alpha + \beta_1 VC - rep + \beta_2 RS + \beta_3 SI + \beta_4 Cashpay + \beta_5 Consultant + \beta_6 Roa_{target} + \beta_7 Lev_{target} + \varepsilon \quad (4.8)$$

$$Control = \alpha + \beta_1 VC - rep + \beta_2 Size + \beta_3 Growth + \beta_4 Roa + \beta_5 Lev + \beta_6 FCF + \beta_7 Character + \beta_8 Block + \varepsilon \quad (4.9)$$

式（4.6）、式（4.7）是在式（4.4）的基础上，将风险投资参与度划分为风险投资机构家数和风险投资持股比例两个维度来进行考察；式（4.8）、式（4.9）是在式（4.5）的基础上，考察风险投资声誉对并购溢价和内部控制有效性的影响。

2. 风险投资对并购溢价和内部控制有效性影响的实证回归结果

（1）有无风险投资背景对并购溢价和内部控制有效性的影响分析。基于创业板上市企业的并购全样本，就式（4.4）和式（4.5）的回归结果如表 4.6 和表 4.7 的第（1）列所示：有风险投资背景的企业并购溢价在 10% 的显著性水平下低于无风险投资背景的企业 4.665 个单位①，这表明有风险投资背景的企业在并购中支付的成本显著低于无风险投资背景

① 由于本研究采用并购溢价的计算方法是每股交易价格与每股净资产的偏离程度，因此并购溢价多表现为正。以本研究样本为例，并购溢价的均值高达 3.351，最小值为 -68.315，最大值为 106.841，标准误为 13.051，这与前人（陈仕华和卢昌崇，2013；李彬等，2015）的统计结论无明显差异。

的企业。并购成本的降低是由于风险投资的认证效应和监督功能降低了并购中的信息成本、谈判成本和支付成本，提高了主并方在并购中的议价能力。有风险投资背景的企业内部控制的有效性程度在10%的显著性水平下好于无风险投资背景的企业14.9%（注意：内部控制分数值越大，有效性越差），这表明风投在并购完成后能够较好地发挥认证功能和监督作用，帮助企业实现资源的整合，提高企业内部控制的有效性。

（2）风险投资参与度对并购溢价和内部控制有效性的影响分析。基于有风险投资背景的创业板上市企业完成的并购事件，就式（4.6）、式（4.7）的回归结果，如表4.6和表4.7的第（2）、第（3）列所示：当使用风险投资家数作为风险投资参与度的度量指标时，每增加1个单位风险投资家数使得并购溢价降低4.094个单位，使内部控制的有效性上升16%。当使用风险投资持股比例作为参与度的度量指标时，每提高1个单位风险投资持股比例使得并购溢价降低0.151个单位，使得内部控制的有效性上升5.7%。上述结论表明风险投资参与度的提高可以降低并购溢价、提高并购后的内部控制有效性。

（3）风险投资声誉对并购溢价和内部控制有效性的影响分析。基于有风险投资背景的创业板上市企业完成的并购事件，就式（4.8）、式（4.9）的回归结果，如表4.6和表4.7的第（4）列所示：在10%的显著性水平下，高声誉风险投资背景主并企业的并购溢价低于低声誉风险投资背景的企业7.589个单位，在1%的显著性水平下，高声誉风险投资背景主并企业的内部控制有效性高于低声誉背景的企业0.788个单位。这表明风险投资声誉在降低并购成本、提高并购后内部控制有效性方面发挥了显著作用。

通过以上分析，可以发现，风险投资对企业并购绩效的影响源自以下机制：（1）风险投资的认证效应可以降低企业的信息不对称，监督效应可以提高企业在并购时的估值能力，两者均可以降低并购中的成本，并进而推动并购绩效的提升。（2）风险投资的认证效应和监督效应可以优化企业并购后的资源整合，具体表现为有风险投资支持的企业在并购后的内部控制更为有效。这可能反映了并购后企业的资源整合能力较强、人力资源制度更有激励效果、员工的工作热情高涨等。内部控制的有效性有利于资源整合的成功，提高了并购绩效。随着风险投资参与度和声誉的提高，上述影响效果也更为显著。

表 4.6　　　　风险投资对并购溢价的影响

Variable	并购溢价：*Premium*			
	(1)	(2)	(3)	(4)
VC	-4.665* (-1.74)			
VC - number		-4.094* (-1.81)		
VC - shares			-0.151* (-1.66)	
VC - rep				-7.589* (-1.75)
RS	21.51** (2.33)	2.967 (0.12)	5.318 (0.58)	-10.68 (-0.64)
SI	-1.087 (-0.35)	1.285 (0.36)	-1.209 (-0.64)	1.714 (0.44)
Cashpay	6.227 (0.94)	-3.292 (-0.15)	3.787 (0.64)	-0.289 (-0.02)
Consultant	4.498 (0.63)	-1.086 (-0.05)	0.619 (0.13)	-0.734 (-0.07)
Roa_{target}	-4.231 (-0.99)	-1.580 (-0.12)	-0.319 (-0.06)	9.271 (0.87)

续表

Variable	并购溢价：*Premium*			
	(1)	(2)	(3)	(4)
Lev_{target}	-4.297* (-1.93)	-8.469** (-2.38)	2.225 (0.75)	-1.623 (-0.61)
Constant	-2.377 (-0.31)	12.57 (0.50)	2.753 (0.29)	2.231 (0.15)
Industry	控制	控制	控制	控制
Year	控制	控制	控制	控制
N	174	81	81	81
Adj. R^2	0.12	0.56	0.40	0.32

注：***、**、*分别表示在1%、5%、10%水平下显著，括号内数值为对应系数的t统计量。

表4.7　　风险投资对内部控制有效性的影响

Variable	并购后的主并方内部控制有效性：*Control*			
	(1)	(2)	(3)	(4)
VC	-0.149* (-1.66)			
VC-number		-0.160* (-1.89)		
VC-shares			-0.057*** (-3.25)	
VC-rep				-0.788*** (-4.30)
Size	0.395*** (4.84)	-0.017 (-0.15)	0.090 (0.54)	-0.145 (-1.45)
Growth	0.686*** (3.55)	0.120 (0.29)	-0.274 (-0.45)	-0.260 (-0.68)
Roa	3.796*** (3.30)	7.670* (1.77)	10.15* (1.95)	12.91*** (3.34)

续表

Variable	并购后的主并方内部控制有效性：*Control*			
	(1)	(2)	(3)	(4)
Lev	0.245 (0.51)	0.946 (1.35)	3.719 *** (3.77)	1.755 *** (2.69)
FCF	3.784 *** (5.79)	-0.424 (-0.27)	0.880 (0.33)	1.816 (1.20)
Character	-0.325 (-1.48)	-0.977 * (-1.84)	-1.601 * (-1.97)	-1.616 *** (-3.31)
Block	-0.006 * (-1.64)	-0.009 (-1.30)	-0.041 *** (-3.55)	-0.018 *** (-2.91)
Constant	-8.517 *** (-4.83)	0.237 (0.10)	-0.573 (-0.17)	2.478 (1.17)
Industry	控制	控制	控制	控制
Year	控制	控制	控制	控制
N	174	81	81	81
Adj. R^2	0.45	0.13	0.36	0.31

注：* * *、* *、* 分别表示在 1%、5%、10% 水平下显著，括号内数值为对应系数的 t 统计量。

4.4.4　内生性与稳健性检验

1. 内生性检验

风险投资和被投资企业之间可能存在内生关系（Lee 和 Wahal, 2004），风险投资会根据自己的标准来选择企业进行投资。为了消除这种自选择因素所带来的影响，本章采用 Heckman 两阶段回归模型来控制风险投资的内生性对回归可能产生的影响。参考前人文献（蔡卫星、胡志颖、何枫，2013），构建了如式（4.10）至式（4.11）所示的回归方程。

$$Pr(VC = 1) = \alpha + \beta Z + \varepsilon \qquad (4.10)$$

$$CAR = \alpha + \beta_1 VC + \gamma IMR + \beta_2 X + \varepsilon \tag{4.11}$$

式（4.10）是第一阶段的Probit回归，其中，$Pr(VC = 1)$表示获得风险投资支持的概率，当企业有风险投资参股时，该变量为1，否则为0。Z为一组能够影响风险投资投资行为的控制变量，借鉴前人文献，本章选择了如下因素作为控制变量Z：（1）企业是否有政治关系（*Guanxi*），如果企业高管中具有政治背景，即目前或者曾经在中央或地方各级政府任职，以及目前或者曾经担任中央或地方各级人大代表或者政协委员，则*Guanxi*取1，否则取0；（2）企业在上市前的成立时间（*Birth*，以年度量）；（3）企业的规模（*Size*）、成长性（*Growth*）、盈利能力（*Roa*）、资本结构（*Lev*）分别为企业上市前一年总资产的对数、营业总收入的增长率、资产收益率和负债资产比；（4）行业虚拟变量；（5）年份虚拟变量。式（4.11）为第二阶段的线性回归，其中*IMR*为式（4.10）所得到的逆米尔斯因子（Inverse Mills Ratio），其余控制变量*X*的定义与表4.1相同。回归结果如表4.8所示。

表4.8　控制风险投资的内生后风险投资对并购绩效的影响检验

Variable	(1)	*Variable*	(2)
	VC		*CAR* (−1, 1)
Guanxi	0.506** (2.18)	*VC*	0.060*** (3.31)
Size	0.263 (1.36)	*IMR*	0.119* (1.83)
Birth	0.002 (0.07)	*RS*	−0.0004 (−0.01)
Roa	−1.961 (−0.96)	*SI*	−0.028 (−1.46)
Lev	−1.044 (−1.28)	*Cashpay*	0.065 (0.06)

续表

Variable	(1) VC	Variable	(2) CAR（-1，1）
Growth	0.455 (1.22)	Consultant	0.056 (0.05)
		Size	0.006 (0.46)
		Growth	-0.089*** (-3.31)
		Roa	-0.214 (-1.35)
		Lev	-0.250** (-2.53)
		FCF	-0.688*** (-4.03)
		Character	-0.052 (-1.05)
		Block	0.000 (0.37)
		Roa_{target}	0.032 (1.12)
		Lev_{target}	-0.040** (-2.56)
Constant	-4.154 (-1.01)	Constant	-0.109 (-0.09)
Year	控制	Year	控制
Industry	控制	Industry	控制
N	174	N	174
$PseudoR^2$	0.09	Adj. R^2	0.29

注：＊＊＊、＊＊、＊分别表示在 1%、5%、10% 水平下显著，括号内数值为对应系数的 t 统计量。

2. 并购绩效指标的稳健性检验

此外，本章还使用 *CAR*（-3，3）、*CAR*（-10，10）分别来度量并购绩效，作为稳健性检验，并对式（4.1）至式（4.3）进行回归，结果如表 4.9 和表 4.10 所示。

表 4.9　　　　并购绩效指标的稳健性检验结果

Variable	并购绩效 CAR（-3，3）			
	(1)	(2)	(3)	(4)
VC	0.047** (2.14)			
VC-number		0.054* (1.69)		
VC-shares			0.006*** (2.72)	
VC-rep				0.063*** (2.88)
RS	0.192*** (3.69)	0.427*** (2.95)	0.492** (2.43)	0.382** (2.16)
SI	-0.032 (-1.16)	-0.111** (-2.29)	-0.073 (-1.55)	-0.066* (-1.83)
Cashpay	0.069 (0.96)	0.042 (0.32)	-0.038 (-0.22)	0.010 (0.06)
Consultant	0.055 (0.76)	-0.056 (-0.46)	-0.126 (-0.75)	-0.042 (-0.25)
Size	-0.021 (-1.13)	-0.057** (-2.42)	-0.026 (-0.94)	-0.061*** (-3.21)
Growth	-0.031 (-0.86)	0.039 (0.54)	0.010 (0.15)	-0.036 (-0.75)
Roa	-0.228 (-0.98)	0.260 (0.27)	0.711 (0.94)	1.143** (2.26)

续表

Variable	并购绩效 CAR（-3，3）			
	（1）	（2）	（3）	（4）
Lev	-0.014 （-0.13）	0.221 （1.38）	-0.057 （-0.43）	0.034 （0.35）
FCF	-0.729 *** （-3.90）	-1.048 ** （-2.48）	-0.236 （-0.89）	0.073 （0.34）
Character	0.0581 （0.49）	0.160 （1.30）	-0.032 （-0.10）	-0.095 （-0.29）
Block	-0.0001 （-0.12）	-0.002 * （-1.89）	0.001 （0.80）	0.0001 （0.07）
Roa_{target}	-0.016 （-0.35）	-0.181 （-1.63）	-0.153 （-1.33）	-0.183 * （-1.96）
Lev_{target}	0.008 （0.32）	-0.020 （-0.81）	-0.038 * （-1.80）	-0.039 ** （-2.50）
Constant	0.452	1.292 **	0.572	1.299 ***
	（1.11）	（2.30）	（0.96）	（2.90）
Year	控制	控制	控制	控制
Industry	控制	控制	控制	控制
N	174	81	81	81
Adj. R^2	0.44	0.48	0.32	0.31

注：＊＊＊、＊＊、＊分别表示在1%、5%、10%水平下显著，括号内数值为对应系数的 *t* 统计量。

表 4.10　　并购绩效指标的稳健性检验结果

Variable	并购绩效 CAR（-10，10）			
	（1）	（2）	（3）	（4）
VC	0.144 ** （2.61）			
VC - number		0.059 * （1.94）		

续表

Variable	并购绩效 CAR（-10，10）			
	(1)	(2)	(3)	(4)
VC-shares			0.007** (2.05)	
VC-rep				0.129*** (3.00)
RS	-0.063 (-0.40)	0.125 (0.32)	0.492 (1.52)	0.402 (1.37)
SI	0.065 (1.12)	-0.109 (-1.48)	-0.008 (-0.11)	-0.010 (-0.15)
Cashpay	-0.243* (-1.71)	-0.085 (-0.24)	-0.017 (-0.06)	0.147 (0.54)
Consultant	-0.063 (-0.52)	-0.140 (-0.41)	-0.153 (-0.54)	0.037 (0.14)
Size	-0.171*** (-2.94)	0.019 (0.54)	-0.026 (-0.59)	-0.074** (-2.27)
Growth	0.147* (1.72)	0.162 (1.35)	0.080 (0.78)	0.085 (0.90)
Roa	-0.422 (-0.60)	1.342 (1.12)	-0.347 (-0.30)	0.748 (0.79)
Lev	-0.220 (-0.94)	0.158 (0.61)	0.083 (0.41)	0.159 (0.89)
FCF	-2.241*** (-5.33)	0.812* (1.69)	0.693* (1.69)	0.907** (2.27)
Character	0.160 (0.36)	-0.079 (-0.33)	0.110 (0.22)	0.002 (0.01)
Block	-0.00001 (-0.01)	0.002 (1.19)	0.0004 (0.02)	-0.002 (-1.03)
Roa_{target}	0.106 (0.90)	0.100 (0.52)	-0.049 (-0.27)	-0.124 (-0.75)

续表

Variable	并购绩效 CAR（-10，10）			
	(1)	(2)	(3)	(4)
Lev_{target}	0.011 (0.25)	0.056 (1.58)	-0.003 (-0.10)	-0.011 (-0.37)
Constant	3.853*** (2.97)	-0.517 (-0.68)	0.479 (0.47)	1.403* (1.85)
Year	控制	控制	控制	控制
Industry	控制	控制	控制	控制
N	174	81	81	81
Adj. R^2	0.27	0.29	0.34	0.73

注：***、**、*分别表示在1%、5%、10%水平下显著，括号内数值为对应系数的 t 统计量。

3. 监督作用度量指标的稳健性检验

前面的研究使用内部控制有效性作为风险投资发挥监督作用进而提升企业并购绩效的代理指标。实际上，能否抑制并购过程中的管理层过度自信行为亦是风险投资在并购中发挥监督作用的一条作用机制。

第一，管理者过度自信是影响企业并购决策的重要因素。Roll（1986）首次将管理者过度自信引入并购领域来解释企业并购行为，并认为过度自信的管理者倾向于高估并购带来的协同效应、低估并购的潜在风险，出现并购过程评估偏差。这便是著名的“过度自信假说”。过度自信的管理者倾向于进行多次、连续的并购，也倾向于进行盲目自大的非相关并购（Malmendier 和 Tate，2008；宋淑琴和代淑江，2015）。这些错误的并购决策带来了较差的并购绩效，进而对公司价值产生减损效应（Doukas 和 Petmezas，2010，潘爱玲等，2018）。除了在公司并购领域的负面影响，管理者过度自信还被发现会导致企业投资扭曲、出于

“控制幻觉”和“困难效应”冲动实施多元化战略、放大企业双元性创新之间的失衡、导致糟糕的企业绩效（Huang 等，2016；Gervais 等，2011）。由此可见，在并购过程中，管理者过度自信将对企业经营绩效产生负面影响，亦会减损股东价值。

第二，风险投资有充分的动机和能力通过发挥监督作用抑制管理层的过度自信进而提升企业并购绩效。首先，风险投资具备一定的表决权。已有研究证实风险投资在董事会中拥有的表决权一般超过其持股比例（Lerner，1994），可就公司合并、分立、并购或处置主要资产、对外投融资等事项进行表决，防止管理层出于过度自信发起并购，以保护公司及自身利益。其次，当管理层出于过度自信发起并购时，风险投资可对管理层行使退出威胁，风险投资股东的退出将向外部投资者传递出负面信息，也对后续并购事项的推进等产生不利影响（李曜和宋贺，2017）。最后，风险投资通过参股企业股权、服务公司董事会等方式提升公司独立董事比例、协助聘请或解聘 CEO、优化公司治理（Hellmann 和 Puri，2002），风险投资对企业经营管理事宜的监督治理也将对管理层过度自信起到抑制作用。由此可见，风险投资将通过行使表决权、退出威胁、监督治理等方式减少管理层在并购活动中的过度自信行为，防止过度自信所带来的并购价值减损。

基于上述推论，本章的研究还使用管理层过度自信作为度量风险投资监督机制的代理变量。管理层过度自信是一种心理特征，很难直接度量，亦无法直接观测。然而，管理层过度自信可以通过其言语和行为反映出来。目前学术界对管理层过度自信的流行度量指标主要包括：（1）企业近期业绩（Hayward 和 Hambrick，1997）；（2）企业的盈利预测偏差（Lin 等，2005）；（3）企业并购频率（Malmendier 和 Tate，2008）；（4）媒体对 CEO 的评价（Brown 和 Sarma，2007）；（5）高管相对薪酬

（李善民和陈文婷，2010）；（6）企业景气指数（余明桂等，2006）。使用企业近期业绩度量管理层过度自信要求使用企业股票价格未受影响之日前 12 个月的股东回报，然而，企业股票价格是否受到影响很难从直观上进行度量，连续的并购、股权再融资等事件也会对股票价格产生较大影响，在数据上具有较大的不可操作性[①]。我国企业的业绩预告时间和实际业绩披露时间十分接近，且两者差距较小，因此使用企业的盈利预测偏差度量管理层过度自信在实际中存在较大偏差（周杰和薛有志，2011）。主流媒体对 CEO 的评价需要有主流媒体对 CEO 的客观、公正的打分，在我国实践中适用性不强。企业景气指数是由国家统计局统计并按照行业进行发布的，使用企业景气指数度量管理层过度自信会导致同一行业的企业管理层过度自信度量结果一致，无法区分同行业内不同企业管理层过度自信程度的差异。因此，本章使用高管相对薪酬（Con）来度量管理层过度自信。参考前人文献，高管相对薪酬使用薪酬最高的前三名高管薪酬之和/所有高管薪酬之和来进行度量，该指标反映了最高管理者在管理层团队中的相对重要性，数值越大，代表管理者存在越大的过度自信。

参考前人文献，本章选取的影响管理层过度自信的控制变量包括：并购相对规模（*RS*）、并购是否属于同一行业（*SI*）、并购是否属于现金并购（*Cashpay*）、并购方的规模（*Size*）、并购方的成长性（*Growth*）、并购方的盈利能力（*Roa*）、并购方的负债结构（*Leverage*）、并购方的股权结构（*Block*）、行业虚拟变量（*Industry*）、年度虚拟变量（*Year*）。因此，上述研究回归的结果如表 4. 11 所示。观察表 4. 11 可以

① 本章选取的样本企业，有较多企业在样本期内存在多次并购的情况，这意味着寻找到企业股票价格未受影响的 12 个月来计算企业近期业绩以度量管理层过度自信，对样本来说不具备适用性。

发现，有风险投资支持的企业在并购过程中管理层的过度自信程度显著低于无风险投资支持的企业；此外，伴随着风险投资持股比例的增加或风险投资个数的增加，管理层在并购中的过度自信程度也在随之下降；最后，可以发现，高声誉风险投资支持企业在并购中的管理层过度自信程度显著低于低声誉风险投资支持企业。上述结论表明，发挥监督机制是风险投资提高企业并购绩效的一条路径。

表 4.11　　风险投资对管理层过度自信的影响

Variable	并购前的主并方管理层过度自信程度：Con			
	(1)	(2)	(3)	(4)
VC	-0.015* (-1.687)			
VC-number		-0.008* (-1.756)		
VC-shares			-0.001** (-2.103)	
VC-rep				-0.014* (-1.754)
RS	0.047** (2.094)	0.046** (2.022)	0.046** (2.019)	0.046** (2.027)
SI	0.025** (2.059)	0.025** (2.080)	0.025** (2.029)	0.024* (1.966)
Cashpay	0.024 (1.572)	0.024 (1.569)	0.025 (1.619)	0.024 (1.578)
Size	-0.011 (-1.171)	-0.012 (-1.210)	-0.012 (-1.234)	-0.012 (-1.210)
Growth	0.018 (0.939)	0.017 (0.915)	0.016 (0.838)	0.018 (0.958)
Roa	-0.087 (-0.724)	-0.088 (-0.736)	-0.072 (-0.607)	-0.071 (-0.597)

续表

Variable	并购前的主并方管理层过度自信程度：Con			
	(1)	(2)	(3)	(4)
Leverage	-0.056 (-1.327)	-0.053 (-1.228)	-0.049 (-1.139)	-0.058 (-1.376)
Block	0.001 *** (2.838)	0.001 *** (2.888)	0.001 *** (2.742)	0.001 *** (2.927)
Constant	0.580 *** (2.694)	0.587 *** (2.739)	0.594 *** (2.763)	0.581 *** (2.725)
Year	控制	控制	控制	控制
Industry	控制	控制	控制	控制
N	436	436	436	436
Pseudo/Adj. R^2	0.11	0.11	0.12	0.11

注：＊＊＊、＊＊、＊分别表示在1%、5%、10%水平下显著，括号内数值为对应系数的 t 统计量。

4.5　本章小结

目前，我国创业板企业在上市后进行了频繁的并购行为。一般认为，上市融资的成功必然会加剧管理者的投资冲动，甚至会出现投资亢奋现象。并购作为企业最重大、最容易为投资者所察觉、风险极高的投资活动，是增加了创业企业的价值还是损毁了企业价值？由于较多的创业板企业背后拥有风险投资，受到解禁期的限制，在被投资企业 IPO 之后，风险投资只是实现了账面上的收益，并不能立即退出。即使在解禁期后，风险投资也表现出逐步退出的特征（徐欣和夏芸，2015）。这意味着在被投企业上市之后，风险投资仍将作为重要股东参与被投企业的治理甚至管理，继续为企业后续的经营活动发挥作用。那么，风险投资作为专业化的金融机构，在创业板企业上市后的并购行为中，发挥了什么样的作用？*VC* 支持企业并购绩效是否更优？

本章以创业板上市企业在2010—2013年完成的174起并购事件作为研究对象，采用多元线性回归模型，实证检验了风险投资机构对我国创业板上市企业并购绩效的影响。研究发现：（1）有风险投资背景的企业在并购宣告后的市场绩效均显著高于无风险投资背景的企业；（2）采用风险投资机构家数和持股比例作为风险投资参与度的度量指标，随着风险投资参与度的提高，并购绩效均得到显著提升；（3）风险投资声誉的高低对企业的并购绩效有显著影响，提高声誉能够达到提高并购绩效的目的。

为解释风险投资对于创业板上市企业并购绩效的作用机制，进一步地，本章提出了风险投资发挥作用的两种渠道机制：（1）降低并购溢价效应。风险投资的认证效应可以减少并购双方间的信息不对称，风险投资的监督功能可以提高主并方企业在并购时的估值能力，二者均可以降低并购成本，结果表现为风险投资支持企业在并购交易中给予目标方较低的支付溢价，提高了并购绩效。（2）增强并购后的内部控制有效性。风险投资的认证效应和监督功能可以优化并购目标的选择、抑制管理者的机会主义行为；通过频繁和有效的沟通、优化企业并购后的资源整合，有效的内部控制可以减少整合过程中的利益冲突和意见分歧等，从而提高了并购绩效。随着风险投资参与度和风险投资声誉的提高，上述两种机制的作用效果更为显著。

上述研究结论具有重要的理论意义。第一，尽管之前风险投资的认证效应和监督筛选功能已被学术界广泛认可，然而，学者们在研究风险投资对被投企业的价值增值机制时，多将视角集中于企业的IPO定价效率、投融资效率、研发创新等角度。鲜有学者关注风险投资在企业并购中所发挥的作用。并购作为企业实现快速扩张的重要路径之一，是企业最重大、风险极高的投资活动，对企业的生产经营存在重大影响。本章立足于创业板企业发起的并购事件，将风险投资的认证效应和监督功能运用到对企业并购绩效影响的分析中，拓展了有关风险投资如何发挥价值增值作用机制的研究。第二，“并购是否创造价值”“并购如何创造价值”一直是并购领域研究的重要问题。现有文献主要从主并方（如代理理论、高管过度自信假说、自由现金流假说等），目标方（如目标公司的财务特征、目标公司的文化特征、目标公司对并购的态度等）等角度来解答。鲜有学者关注作为并购方原始股东之一的风险投资将如何在并购中发挥作用。本章研究了企业并购中主并方股东——风险投资对并购绩效的作用，丰富了有关企业并购的文献。第三，提出了风险投资对企业并购绩效发挥作用的两种渠道机制：（1）降低并购溢价效应；（2）提高并购后的内部控制有效性。这是具有重要意义的发现。

同样，本章的结论亦具有现实意义。第一，由于风险投资支持的企业具有更好的并购绩效，所以，创业板企业在并购决策中，应该更多发挥风险投资股东及其派驻公司董事的主动性。丁焕明等（2004）指出，美国著名企业家杰克·韦尔奇非常重视董事会有关并购的见解和建议，在很多情况下，他都是靠董事与被兼并方取得联系，向对方宣传并购战略思想，由于我国创业板企业中风险投资普遍担任被投企业董事，因此，上市企业可以发挥风险投资董事在并购前决策、并购中谈判和并购后整合中的作用。第二，风险投资参与度的提高和风投声誉的提高，可以在并购中发挥更大的作用。笔者发现当创业板公司拥有 4 家及以上风险投资或者风险投资持股超过 30%，并购的长期财务绩效为正。因此，企业在引入风险投资时，可以优先考虑引入具有高声誉的风险投资、更多风险投资（即联合风险投资群）作为企业的战略伙伴。第三，在当前国内“去产能、去库存、去杠杆、降成本”的宏观经济调控政策下，国内必然会发生大量的并购重组行为，本章的结论说明风险投资参与可以提高并购绩效，因此，政府应该大力推动风险投资行业发展并引导风险投资参与企业的并购重组。

上述结论也具有一定的政策指导意义，由于风险投资支持的企业在并购中能够为并购方创造更多的市场价值，因此，企业在进行并购时，可以积极利用风险投资的认证功能和监督功能。此外，笔者发现联合风险投资和高声誉风险投资所支持的企业，并购绩效更高，因此，企业在引进风险投资时可以考虑引入联合风险投资机构或高声誉的风险投资机构。

第5章 风险投资对创业板企业定向增发折价率的影响

定向增发涉及财富在原利益主体和新利益主体之间的重新分配，作为企业的原始股东，风险投资将会对企业定向增发产生影响。本章研究了风险投资对创业板上市企业定向增发折价率的影响。首先，本章参考前人研究，将定向增发划分为：仅面向大股东的定向增发、仅面向机构投资者的定向增发，分析了不同情景下风险投资对企业定向增发折价的影响，提出了风险投资降低企业定向增发折价率的监督机制和认证机制。与此同时，针对风险投资的性质不同，本章将风险投资按照有无与券商存在联盟关系、股权背景、声誉、投资策略四个维度对风险投资进行分类，研究了不同的风险投资对企业定向增发折价率产生的不同影响。在上述理论分析的基础上，结合现有理论和文献，提出了本章的研究假设。随后采用创业板上市企业的定向增发数据对上述假说进行了经验分析，最后得出了本章的研究结论并给出相应的政策建议。

5.1 引言

大股东和中小股东之间的利益关系一直以来是公司治理领域的核心

议题。定向增发涉及财富在原利益主体（未参与定向增发的股东）和新利益主体（参与定向增发的股东）之间的重新分配，亦可能成为大股东进行利益输送的渠道之一（王浩和刘碧波，2011）。上市公司的这种利益输送行为不仅侵害了中小股东的利益，也降低了资源配置效率（2017，中国证监会）。为了规范上市企业定向增发行为，2017 年 2 月，中国证监会对《上市公司非公开发行股票实施细则》部分条文进行了修订，发布了《发行监管问答——关于引导规范上市公司融资行为的监管要求》，对定向增发拟发行的股份数量、定向增发间隔时间等作出详细规定。在此背景下，研究定向增发定价效率对防范利益分配失衡、保护投资者利益至关重要。

已有文献认为，定向增发的利益博弈方包括大股东、中小股东和机构投资者。近年来，伴随着风险投资在中国的发展，大多数上市公司受到了风险投资的支持。由于股权锁定期等原因，不少风险投资股东在所投企业上市一段时间后仍留在公司继续发挥作用。这意味着，定向增发的利益博弈方不仅包括大股东、中小股东和机构投资者，还将包括风险投资股东。相关研究发现，风险投资具备监督效应和认证效应，可以帮助企业在 IPO 时获得更准确的定价（李曜和宋贺，2016）、提高企业的董事会社会资本（刘奎甫和茅宁，2016）、研发创新能力（付雷鸣等，2012；张学勇和张叶青，2016）、股息支付（吴超鹏和张媛，2017），等等。然而，鲜有文献关注 VC 股东对上市企业定向增发定价的影响。

风险投资不仅具备一定的监督效应和认证效应，还具有一定的网络关系资本，其与政府、银行、券商、同业等都有重要关联。风险投资拥有的关联关系构成了其重要的社会资本（梁上坤等，2015）。已有学者证实了风险投资的银行资源可以缓解企业的投融资约束（吴超鹏等，2012），风险投资与承销商的多次合作可以对企业 IPO 定价效率产生积极影响（李曜和宋贺，2016）。作为资本市场的常客，风险投资将投资多家企业，并通过 IPO 实现资本退出。在 IPO 阶段，承销商向风险投资投资企业提供保荐服务，这导致风险投资在 IPO 阶段可以实现与承销商的多次合作。笔者认为，风险投资与承销商的合作联盟关系不仅体现在 IPO 阶段，也将体现在企业后续的相关业务中，例如企业上市后的定向增发业务、资产管理业务等。根据交易成本理论，风险投资与券商之间的合作联盟关系能够带来关系租金。那么，风险投资与承销商形成的关系租金会对企业定向增发产生何种影响呢？进一步讲，其作用机制又是什么？为了回答上述问题，本章以我国创业板上市企业在 2012 年 6 月—2018 年 6 月完成的定向增发事件作为研究对象，基于利益博弈的视角，探讨风险投资参与、风险投资与承销商之间的联盟关系，风险投资的异质性特征对企业定向增发折价的影响及其作用机制。

本章研究发现，我国创业板上市企业定向增发存在明显的高折价现象，平均折价率高达 20.4%。风险投资能够降低企业的定向增发折价率，使发行价格更接近于市场价格。与风险投资存在联盟关系、非国有背景、高声誉或采取联合投资策略的风险投资支持企业表现出更低的定向增发折价率。风险投资对企业定向增发折价的作用机制源自：风险投资的监督效应，表现为减少定向增发前企业的盈余管理，缓解定向增发中的利益输送；风险投资的认证效应，表现为提升企业的股票信息度，缓解机构投资者和企业之间的信息不对称；风险投资的关系租金效应，表现为减少定向增发持续时间，加快定向增发的推进效率。进一步研究显示，风险投资对定向增发的监督认证效应和关系租金效应在定向增发新政实施前后未发生显著变化。

在我国，定向增发已经成为股权再融资的主要方式，而现有研究很少涉及风险投资股东对定向增发的影响。与国内外现有成果相比，本章的边际贡献在于：第一，徐寿福和徐龙炳（2011）、彭韶兵等（2018）仅讨论了定向增发利益相关者中的大股东、机构投资者、中小股东对企业定向增发的影响，本章研究引入风险投资这一新的定向增发利益分配主体，探讨了风险投资股东对上市企业定向增发折价的影响，提供了影响企业定向增发定价因素的新证据。第二，本章研究提出了风险投资不仅拥有监督认证效应，还具备一定的关系租金效应。研究发现，风险投资与承销商的多次合作关系将产生关系租金，关系租金既有助于风险投资在定向增发中更好地发挥监督认证效应，也能够加快定向增发的交易进程，推进定向增发的有效实施。这是对现有风险投资价值增值作用相关研究的有益补充和拓展，也为有关金融中介社会资本的研究提供了新证据。

本章余下部分的安排如下：第二部分是理论分析，并提出研究假设，第三部分是数据选取与研究设计；第四部分是实证结果与分析；第五部分是结论与启示。

5.2 理论分析和研究假设

5.2.1 风险投资对上市企业定向增发折价率的影响

在对风险投资对上市企业定向增发折价的影响进行分析时，受到彭韶兵和赵根（2009）研究成果的启发，我们将定向增发按照发行对象的不同分为以下三种情形：情形一，仅面向大股东的定向增发；情形二，仅面向机构投资者的定向增发；情形三，既面向机构投资者也面向大股东的定向增发[①]。现有研究文献显示，风险投资作为企业 IPO 时的

① 本章所采取的样本为创业板上市企业定向增发数据，在本章研究的样本中，其中仅有 2 例为面向企业现有的风险投资机构进行的定向增发，考虑到样本量过少，不足以形成研究对象，故将该种情况删除。

原始股东，在企业上市之后受到解禁期的限制。在解禁期之后，风险投资也不会选择立刻、完全的退出被投资企业。相反地，风险投资的退出表现出一种非连续特征，并对企业后续的融资约束、经营绩效等产生影响（徐欣和夏芸，2015；吴超鹏等，2012）。尽管风险投资也是企业的原始股东之一，然而，风险投资与企业大股东之间并不总是存在利益协同性。风险投资机构作为一家以盈利为目的的机构，在企业上市之后、解禁期到来之时，会根据自身的需求择时退出（徐欣和夏芸，2015），是一种与企业大股东存在根本性质差异的企业股东。因此，本章将企业在定向增发过程中的利益相关者分为四类：大股东、风险投资股东、原小股东、新进股东（机构投资者①）。

当定向增发仅面向大股东时，利益输送假说认为面向大股东的定向增发是大股东掠夺中小股东的一种手段（章卫东，2010；赵玉芳等，2011）。作为企业的重要原始股东，风险投资具备一定的监督效应。Barry 等（1990）、吴超鹏等（2012）的研究表明，风险投资参与被投公司的经营管理决策，对企业进行监督和治理，例如风险投资将参与企业的人力资源安排、股权激励计划、高级管理人员聘请等事项。定向增发的高折价不仅会损害中小股东的利益，还将对企业后续的生产经营产生不利影响。因此，在定向增发过程中，风险投资有充分的理由和力量与大股东进行博弈，继续发挥其监督效应，利用自身的机构股东话语权，防止大股东以定向增发的方式侵蚀中小股东的利益。

当定向增发仅面向机构投资者时，信息不对称假说（Hertzel 和 Smith，1993）提出由于外部机构投资者和企业之间存在信息不对称，

① 由于定向增发属于私募性质，参与定增的都是大投资者，我们用机构股东代指所有的定增投资者，即使定增中存在个别的个人大户投资者。

增发的高折价是对机构投资者在定向增发前调查成本的一种补偿。风险投资具备一定的认证效应，能够筛选出优质企业，对经营管理者进行监督。作为入股企业较早、十分熟悉企业状况的投资机构，风险投资持股本身能够发挥信息传递功能，缓解外部投资者与企业之间的信息不对称，降低机构投资者的信息搜寻和鉴别成本。因此，对于面向机构投资者的定向增发，风险投资股东的认证效应可以缓解信息不对称、降低定向增发的高折价。

当定向增发面向大股东和机构投资者时，风险投资的监督效应能够防止向大股东的利益输送，认证效应可以缓解机构投资者面临的信息不对称，从而使得定向增发发行价格更接近于企业市场价格。由此可见，在不同类型的定向增发事件中，风险投资的监督认证效应均将发挥积极作用，降低企业定向增发折价率。基于上述阐述，本章提出如下假设。

假设 1：有风险投资持股的发行主体，其折价率将低于无风险投资持股的企业。

5.2.2 风险投资（VC）—券商联盟对上市企业定向增发折价率的影响

承销商将会参与定向增发的筹备、审议和发行过程。在筹备阶段，承销商需要对定向增发企业进行尽职调查、沟通和制作定向增发方案。在审议阶段，承销商需要准备评估报告、接受投资者《认购意向函》、制作材料上报证监会。在发行阶段，承销商担负着向投资者发送《认购意向函》、询价、股份登记等职责。承销商与企业之间的沟通交流、信息传递将贯穿定向增发的整个过程。然而，承销商是企业的“外部人”，与定向增发企业之间存在信息不对称（郭海星等，2011）。作为在企业的原始股东，风险投资通过参与被投企业的日常经营管理扮演着“内部人”的角色，拥有企业内部信息。因此，风险投资与承销商的多次合作能够带来关系租金，缩短双方的信息沟通时间和成本。

当定向增发仅面向大股东时，已有文献显示，大股东可以通过操纵发行价格、信息披露时间窗口乃至选择性披露重要信息等实现对自身的利益输送（张鸣和郭思永，2009）。风险投资与承销商之间的多次合作能够使承销商在定向增发过程中更为尽职尽责，防止大股东通过定向增发进行利益输送，以损害中小股东的利益。

当定向增发仅面向机构投资者时，承销商是沟通机构投资者和企业之间的桥梁，得益于风险投资与承销商之间的关系租金，承销商将有利于进一步缓解机构投资者和企业之间的信息不对称，降低机构投资者在定向增发前的调查成本，使定向增发发行价更接近于市场价格。

当定向增发面向大股东和机构投资者时，关系租金的存在使风险投资和承销商在定向增发中共同对大股东的行为进行监督，防止利益输送行为。此外，关系租金亦能够缓解机构投资者和企业之间的信息不对称，降低机构投资者对信息成本的补偿需求，使定向增发发行价格更接近于企业市场价格。综合上述推论，本章提出假设 2。

假设 2：存在 VC—券商联盟关系的上市企业定向增发折价率显著低于无 VC—券商联盟关系的企业。

5.2.3　风险投资异质性对上市企业定向增发折价率的影响

现有文献主要从股权背景、声誉、投资策略三个维度来探讨风险投资的异质性。因此，本章的研究也从以上三个维度进行分析：

第一，股权背景。目前，我国风险投资的所有权背景可以划分为四种：国有、民营、外资与混合。不同背景的风险投资在运行机制、资源获得能力、投资需求等方面存在较大差距（张学勇和廖理，2011）。其中，国有风险投资（GVC）由于拥有政治背景，与其他三种风险投资机构相比存在明显区别。公共经济学认为，国有风险投资具有的政府属性能够解决市场资金配置失灵的问题（Brander 等，2014）。然而在实践中，不少文献发现国有风险投资在被投企业的退出、创新和专利申请等方面的表现均显著弱于非国有背景的风险投资机构（Brander 等，2014；Grilli 和 Murtinu，2014）。我国学者也有类似的发现，如钱苹和张帏（2007）发现国有风险投资的项目平均投资回报率要显著低于非国有风险投资机构，孙杨等（2012）发现国有创业投资机构并不能对企业的经营绩效有显著改善，吴超鹏等（2012）认为国有背景的风险投资支持的上市企业对自由现金流的过度使用更为明显。余琰等（2014）认为国有风险投资具有双重目标：社会价值与私人利益，并一直在其间摇摆。在股权分置改革完成以后，国有风险投资更多转向追逐私人利益。

此外，国有风险投资机构与各级政府之间存在着千丝万缕的关系，这种政治资源为其在投资项目选择、退出渠道等方面提供了诸多便利和优势。同时国有风险投资的政府背景也使其更易于在激烈竞争的风险投资市场上存活下来。因此，我们认为，鉴于天然具有的政治优势和较高的代理成本，国有风险投资在对被投企业的监管上存在懈怠，不能更好地发挥监督功能。同时国有风险投资支持的企业在投资成效、创新、专利申请等方面的表现，也使资本市场对国有风险投资的认证效应存疑。因此，在定向增发过程中，国有风险投资的监督认证效应减弱。综合上述推论，本章提出假设 3。

假设 3：国有 VC 支持的上市企业定向增发折价率显著高于非国有 VC 支持企业。

第二，声誉。作为以私募为特征的金融中介，声誉是风险投资的一项珍贵资产。风险投资在市场上面临着激烈的竞争，声誉可以在信息不对称的情况下给风险投资带来竞争优势。高声誉风险投资往往具备丰富的投资经验和深刻的行业洞察力，能够对被投资企业提供更为专业化的服务（Baker 和 Gompers，2003；Gompers，1995）。高声誉 VC 也会花费更多的时间去监督和治理其被投公司，甚至高声誉风险投资能够吸引到经验丰富的管理团队，使得创始人离职的概率大幅上升（Denis 等，1997；Salhman，1990）。出于积累自身声誉的考虑，高声誉风险投资也愿意花费更多的时间去监督和管理被投资企业，利用其自身的关系网络帮助被投企业牵线搭桥，吸引潜在投资者（Nahata，2008）。此外，高声誉风险投资也表现出更好的认证效应（Megginson 和 Weiss，1991）。在并购过程中，高声誉风险投资能更好地缓解并购双方之间的信息不对称，降低信息成本和谈判成本，促进并购顺利进行（李曜和宋贺，2017）。可以预见，在企业定向增发过程中，高声誉风险投资更能防御控股股东通过定向增发进行利益输送，降低企业和外部投资者之间的信息不对称。综合上述推论，本章提出假设 4。

假设 4：高声誉 VC 支持的上市企业定向增发折价率显著低于低声誉 VC 支持的企业。

第三，投资策略。风险投资的投资策略通常包括投资阶段、投资规模和是否联合投资等（Gompers，1995）。联合投资是指多家风险投资机构联合在一起共同对创业企业提供资金的行为。相较而言，VC 是否联合投资对被投资企业的定向增发行为影响可能更为重大，因为参与定价博弈的 VC 机构增加了。首先，联合风险投资可以实现优势互补，从而更好地发挥监督管理作用（Sørensen 和 Stuart，1999）。其次，联合风险投资能够实现信息共享和相互监督，其中，相互监督可以进一步提升 VC 对被投企业的监督效应，防止“搭便车”行为的产生（Hochberg，2003）。最后，联合风险投资能够有效缓解外部投资者与企业之间的信息不对称，能够坚定外部投资者对企业经营管理的信心。由此可见，联合风险投资能够为被投资企业提供更好的监督服务和高质量的信号传递，有助于降低定向增发的折价率。综合上述推论，本章提出假设5。

假设5：多家风险投资联合支持的上市企业定向增发折价率显著低于单一风险投资支持的企业。

5.3 研究设计与统计性描述

5.3.1 样本选择与数据来源

本章选取2012年6月21日（创业板企业第一次宣告定向增发）至2018年6月30日我国创业板上市企业已实施的713件定向增发事件作为研究的初始样本，考虑到重复的股权再融资①会对股价产生影响，若样本期内企业进行过两次及两次以上的定向增发，则取第一次定向增发作为样本事件，同时删除上市公司数据缺失的样本，最终获得461起定向增发事件样本。这些公司背后的风险投资机构股东特征、增发前的持股比例等通过深圳证券交易所的增发公告手工收集获得，上市企业财务数据、定向增发的相关资料分别来自CSMAR数据库和Wind数据库。

5.3.2 变量选取

1. 被解释变量

定向增发折价率（Discount）：参考前人文献（Baek等，2006；何丽梅，2010；支晓强和邓路，2014），本章使用定向增发发行日的收盘

① 本章所选取的样本企业中，有较多企业在样本期内存在多次定向增发的情况，但均未发生过配股、发行可转债等其他股权再融资事件。

价与发行价格的偏离程度作为定向增发折价率[①]，并分别使用定向增发公告日的收盘价、定向增发公告日后 10 天的收盘价、定向增发公告日后 10 天的平均收盘价与发行价格的偏离程度作为定向增发折价率的稳健性指标。

2. 解释变量

（1）企业是否有风险投资背景的认定：对于上市公司是否有风险投资背景，本章采取吴超鹏等（2012）和蔡宁、何星（2015）的做法。首先，通过下载深圳证券交易所中披露的企业定向增发公告，然后，将前十大股东名单与清科数据库所编写的《中国创业投资暨私募股权投资机构名录》进行交叉核对，如果该股东进入该名录中，则认定其为风险投资；对于其他股东的判断则依据该公司的主营业务是否为“创业投资”“风险投资”“高科技投资”等来进行判定。如果定向增发事件发生的上市公司前十大股东中有风险投资机构，则认为该企业为风险投资持股企业[②]。

（2）企业是否存在 VC—券商联盟背景（VU）：同一家公司可能存在多个风险投资者，且同一家公司也可能聘请多家承销商进行承销。借鉴前人做法（董建卫等，2013；罗吉等，2014，李曜和宋贺，2016），本章以主风险投资（Leader VC）和主承销商（Leader Underwriter）进行统计，若同一家主风险投资和同一家主承销商存在 2 次

---

① 定向增发的定价基准日十分重要，一般存在首次公告日（即董事会预案公告日）、股东大会公告日、发行期首日三种选择，其中实践中采用最多的是第一种。由于董事会的开会日期可以由上市公司自主选择，上市公司对定增的基准定价上存在价格择时甚至操纵的可能。2015 年 12 月证监会进行窗口指导，强调以发行期首日收盘价作为定价基准，2017 年 2 月 15 日证监会改革定增政策（《关于修改〈上市公司非公开发行股票实施细则〉的决定》）。最重要的改革之一就是改在基准价格上，统一规定所有定增的发行基准价格都以发行期首日收盘价为准。本章使用发行日收盘价，就是反映了新的政策规定，同时采用董事会公告日及后续日期作为稳健性检验。

② 此处有关 VC 的界定与第 3 章和第 4 章中 VC 的界定相同。

及以上的 IPO 业务或定向增发业务合作，则定义为存在 VC—券商联盟关系。本章也将同一家主风险投资和同一家主承销商存在 3 次及以上的 IPO 业务或定向增发业务合作定义为 VC—券商联盟关系，作为稳健性检验。

（3）股权背景（GVC）：关于国有风险投资的定义，学术界对其划分标准尚未完全统一。张学勇和廖理（2011）依据投中集团数据库对风险投资的背景进行划分，分别为政府、民营、外资和混合型四种。吴超鹏等（2012）将风险投资的股东中有中央或地方国资委、地方政府、国家发改委、科技部等视为国有风险投资。借鉴余琰等（2014）的做法，本章按照风险投资的资本来源中存在政府机构、各级政府产业引导基金、国有企业等，无论上述机构股权占比多少，均将此类风险投资视为国有风险资本。

（4）风险投资的声誉（VC－rep）：根据清科数据库中统计的“2011—2017 年度中国创业投资暨私募股权投资年度排名”来界定风险投资是否具有声誉。清科集团发布的 VC/PE 排名是从投资、管理、融资和退出四个方面对风险投资和私募股权机构进行的综合考察，选取了管理资金规模、新募集基金规模、投资案例个数、成功退出案例个数、回报率水平等指标。迄今为止，该排名已经连续公布了 13 年，以其独立性、公正性、客观性和专业性受到业界人士的广泛认可与关注。借鉴前人文献（陈见丽，2012），本章将清科数据库所公布的 VC/PE 排名作为度量风险投资声誉的标准。若定向增发事件发生前一年，某风险投资进入了清科风险投资/私募股权年度榜单的前十名，则认为该风险投资具有高声誉，该定向增发事件为高声誉风投支持的定向增发事件。

（5）投资策略（VC_syndicate）：采用广义联合投资的概念，即在样本观测的当年如果有多家风险投资机构共同持有创业企业的股权，则认为该样本属于联合风险投资机构支持企业，否则为单一风险投资机构所支持。

3. 控制变量

参考前人文献（徐寿福，2009；章卫东，2010），本章选取如下控制变量：（1）发行比例（*Fraction*）；（2）发行规模（*Rsize*）；（3）增发前大股东持股比例（*Block*）；（4）波动性（*Volatility*）；（5）流动性（*Liquidity*）；（6）盈利能力（*Roe*）；（7）财务杠杆（*Leverage*）；（8）成长性（*Growth*）；（9）账面市值比（*BM*）；（10）年度和行业虚拟变量。

各研究变量的定义与说明如表 5.1 所示：

表 5.1　各研究变量定义与说明

变量名称	变量符号	计算方法
被解释变量		
定向增发折价率	*Discount*	（发行期首日收盘价—发行价格）/发行期首日收盘价
	Discount_0	（宣告日收盘价—发行价格）/宣告日收盘价
	Discount_10	（宣告日后第 10 天的收盘价—发行价格）/宣告日后第 10 天的收盘价
	Discount_A10	（宣告日后 10 天的平均价格—发行价格）/宣告日后 10 天的平均价格
解释变量		
有无风险投资支持	*VC*	虚拟变量，若发行方有风险投资背景则为 1，否则为 0
有无风投—券商联盟	*VU*	虚拟变量，若发行方 VC 与券商存在联盟关系则为 1，否则为 0
国有风险投资	*GVC*	虚拟变量，若发行方有国有风险投资背景则为 1，否则为 0.
风险投资声誉	*VC_rep*	虚拟变量，若发行前一年该风险投资属于清科数据库公布的年度 VC/PE 排行榜的前十名机构则为 1，否则为 0
联合风险投资	*VC_syndicate*	虚拟变量，若发行方为联合风险投资背景则为 1，否则为 0

续表

变量名称	变量符号	计算方法
控制变量		
发行比例	*Fraction*	企业定向增发的股份数量/增发后企业总股数
发行规模	*Rsize*	企业实际募集资金总额的自然对数
增发前第一大股东持股比例	*Block*	增发前一年大股东持股数/增发前一年总股本
波动性	*Volatility*	使用定向增发公告前 30 个交易日的上市公司股票日收益率的标准差来衡量
流动性	*Liquidity*	增发前的流通股股数/总股本
盈利能力	*Roe*	定向增发前一年企业的净利润/净资产
财务杠杆	*Leverage*	定向增发前一年企业的总负债/总资产
成长性	*Growth*	定向增发前一年企业营业收入增长率
账面市值比	*BM*	公告日前一个交易日企业股权的账面价值/市场价值
承销商声誉	*Underwriter _ rep*	虚拟变量，若发行前一年该承销商属于中国证券业协会公布的年度承销商排行榜的前十名机构则为 1，否则为 0
年度虚拟变量	*Year*	定向增发事件发生在 2012—2018 年 7 个年份，因此设置 6 个年度虚拟变量
行业虚拟变量	*Industry*	根据 Wind 行业的一级行业分类标准进行划分

5.3.3 模型设计

为了检验假设 1，本章构建了多元线性回归模型来分析有无风险投资背景对企业定向增发折价的影响，如式（5.1）所示：

$$Discount = \alpha_0 + \alpha_1 VC + \alpha_2 X + \varepsilon \tag{5.1}$$

式（5.1）中，*Discount* 是公司定向增发的折价率；*VC* 代表企业是否有风险投资持股，若企业有风险投资持股则为 1，否则等于 0。

为了进一步分析 VC—券商联盟及风险投资特征对上市企业定向增发折价率的影响，本章分别构建了式（5.2）至式（5.5）对假设 2 至假设 5 进行检验：

$$Discount = \alpha_0 + \alpha_1 VU + \alpha_2 X + \varepsilon \tag{5.2}$$

$$Discount = \alpha_0 + \alpha_1 GVC + \alpha_2 X + \varepsilon \tag{5.3}$$

$$Discount = \alpha_0 + \alpha_1 VC\_rep + \alpha_2 X + \varepsilon \tag{5.4}$$

$$Discount = \alpha_0 + \alpha_1 VC\_syndicate + \alpha_2 X + \varepsilon \tag{5.5}$$

VU 为虚拟变量，若 *VU* =1，则代表该上市公司的股东中存在风险投资，并且该风险投资与券商保荐机构之间存在长期稳定的伙伴关系，否则为 0。*GVC* 代表是否为国有风险投资支持的企业，是为 1，否则为 0。*VC_rep* 代表是否为高声誉风险投资支持企业，是为 1，否则为 0。*VC_syndicate* 代表是否为联合风险投资支持企业，是为 1，否则为 0。*X* 表示控制变量。

5.3.4　主要变量的统计性描述

各变量的统计性描述如表 5.2 所示，可知：（1）分别使用定向增发发行期首日的收盘价、宣告日的收盘价、宣告日后第 10 天的收盘价、宣告日后 10 天收盘价均值等作为度量折价率的基准，定向增发折价率的均值分别为 20.4%、19.1%、18.0% 和 18.5%。上述均值均在 1% 的显著性水平下异于 0①。这表明，我国创业板上市企业的定向增发确实存在高折价现象。（2）风险投资（*VC*）的均值为 0.274，这表明有 27.4% 进行定向增发的上市企业存在风险投资背景。VC—券商联盟（*VU*）的均值为 0.611，这表明，在有风险投资支持的上市企业中，其中有 61% 的企业拥有 VC—券商联盟背景。国有风险投资

① 限于篇幅，此处未列出对于定向增发折价率样本均值是否为 0 的均值检验结果，具体结果参见附录 C。

（*GVC*）的均值为 0.232，这表明，在有风险投资支持的上市企业中，其中有 23.2% 的企业拥有国有风险投资背景。风险投资声誉（*VC_rep*）的均值为 0.119，这表明，对于有风险投资支持的上市企业来说，有 11.9% 的风险投资机构声誉较高。联合风险投资（*VC_syndicate*）的均值为 0.333，这表明，在有风险投资背景的上市企业中，有 33.3% 的风险投资选择了联合投资策略。（3）平均来看，定向增发的新股数量占增发后总股本的 11.7%。（4）定向增发的样本公司，大股东平均持股比例为 31.65%，最小值为 7.01%，最大值为 81.18%，这表明定向增发公司的大股东持股比例相对较高。（5）增发前的流通股股数占总股本的比例均值为 58.3%，这表明定向增发公司尚有接近一半的股票处于尚未流通状态。（6）定向增发前一年企业的净资产收益率平均为 6.5%，营业收入增长率平均为 30.2%，这表明定向增发公司的盈利能力和成长性较好。（7）定向增发前企业的股权账面市值比均值为 0.322，这表明公司的成长性较好、商誉等无形资产占比较大。因此，对于定向增发而言，该指标揭示进行定向增发的企业的信息不对称程度相对较高，参与定增的外部投资者需花费较高的信息搜寻和鉴别成本，这种情况下，风险投资的认证效应就有了发挥作用的基础。

表 5.2　　主要变量的统计描述

变量	均值	中位数	最小值	最大值	标准误	观测值
Panel A：被解释变量						
Discount	0.204***	0.150	-1.251	0.813	0.267	461
Discount_0	0.191***	0.168	-0.832	0.817	0.273	461
Discount_10	0.180***	0.180	-0.844	0.812	0.281	461
Discount_A10	0.185***	0.178	-0.822	0.811	0.281	461

续表

变量	均值	中位数	最小值	最大值	标准误	观测值
Panel B：解释变量						
VC	0. 274 ***	0. 000	0. 000	1. 000	0. 446	461
VU	0. 611 ***	1. 00	0. 00	1. 00	0. 489	126
GVC	0. 232 ***	0. 000	0. 000	1. 000	0. 424	126
VC _ rep	0. 119 ***	0. 000	0. 000	1. 000	0. 325	126
VC _ syndicate	0. 333 ***	0. 000	0. 000	1. 000	0. 473	126
Panel C：控制变量						
Fraction	0. 117 ***	0. 097	0. 003	0. 630	0. 089	461
Rsize	19. 967 ***	20. 007	17. 397	22. 553	0. 956	461
Block	31. 650 ***	29. 875	7. 010	81. 180	13. 102	461
Volatility	0. 038 ***	0. 032	0. 009	0. 174	0. 023	461
Liquidity	0. 583 ***	0. 582	0. 100	1. 000	0. 217	461
Roe	0. 065 ***	0. 063	-0. 992	0. 335	0. 077	461
Leverage	0. 287 ***	0. 263	0. 015	0. 807	0. 161	461
Growth	0. 302 ***	0. 118	-0. 998	38. 882	1. 942	461
BM	0. 322 ***	0. 271	0. 041	1. 147	0. 204	461
Underwriter _ rep	0. 432 ***	0. 000	0. 000	1. 000	0. 496	461

注：＊＊＊、＊＊和＊分别表示变量均值在 1%、5% 和 10% 的显著性水平下异于 0。

5. 4　实证检验与结果分析

5. 4. 1　实证结果与分析

多元回归分析结果如下：

（1）有无风险投资支持对定向增发折价率的影响分析。基于定向增发事件的全样本，运行式（5. 1）的回归模型，如表 5. 3 的第（1）

列所示：有风险投资背景企业的定向增发折价率在10%的显著性水平下低于无风险投资背景的企业4.5%，这验证了本章的假设1：即风险投资降低了定增投资者认购所要求的价格补偿。这来自风险投资的监督效应，可以防止大股东参与定向增发时所进行的利益输送，也来自风险投资的认证效应，可以缓解外部机构投资者和企业之间的信息不对称。两种机制共同作用，使风险投资支持企业的发行折价率显著低于无风险投资支持的企业。

（2）VC—券商联盟对被投企业定向增发折价率的影响分析。基于存在风险投资支持的创业板企业发起的定向增发事件子样本，运行式（5.2）的回归模型，如表5.3的第（2）列所示：对于有风险投资背景的企业来说，VC—券商联盟支持的企业定向增发折价率在5%的显著性水平下低于无风险投资—券商联盟支持的企业9.6%，这验证了本章的假设2。关系租金的存在将进一步缓解机构投资者和企业之间的信息不对称，从而导致风险投资—券商联盟支持的企业定向增发折价率显著低于无风险投资—券商联盟支持的企业。

（3）风险投资机构所有权背景对被投企业定向增发折价率的影响分析。基于有风险投资支持的企业发起的定向增发事件子样本，运行式（5.3）的回归模型，如表5.3的第（3）列所示：国有风险投资支持企业的定向增发折价率在10%的显著性水平下高于非国有风险投资支持企业9.2%，这验证了本章的假设3，即相比于非国有风险投资，国有风险投资对私人利益的追逐使其不能更好地发挥监督效应和认证效应，从而国有风险投资企业的定向增发折价率更高。

（4）风险投资机构声誉对企业定向增发折价率的影响分析。基于有风险投资支持的创业板企业发起的定向增发事件子样本，运行式（5.4）的回归模型，如表5.3的第（4）列所示：高声誉风险投资支持企业的定向增发折价率在 1% 的显著性水平下低于低声誉风险投资支持的企业 18%，这验证了本章的假设 4，即相比于低声誉风险投资，高声誉风险投资能够更好地发挥监督效应和认证效应，从而使得定向增发折价率更低。

（5）联合风险投资对企业定向增发折价率的影响分析。基于有风险投资支持的创业板企业发起的定向增发事件子样本，运行式（5.5）的回归模型，如表 5.3 的第（5）列所示：联合风险投资支持企业的定向增发折价率在 5% 的显著性水平下低于单一风险投资支持的企业 7.6%，这验证了本章的假设 5，即相比于单一风险投资，联合风险投资能够实现优势互补、信息共享、相互监督，从而使定向增发折价率更低。

表 5.3　多元线性回归结果

变量	(1)	(2)	(3)	(4)	(5)
	Discount				
	全样本	*VC* 子样本	*VC* 子样本	*VC* 子样本	*VC* 子样本
VC	−0.045* (−1.87)				
VU		−0.096** (−2.18)			
GVC			0.092* (1.72)		
VC_rep				−0.180*** (−3.47)	
VC_syndicate					−0.076** (−2.08)
Fraction	1.234*** (6.44)	1.369*** (3.60)	1.329*** (3.00)	1.321*** (3.91)	1.765*** (6.11)

续表

变量	(1)	(2)	(3)	(4)	(5)
	Discount				
	全样本	*VC* 子样本	*VC* 子样本	*VC* 子样本	*VC* 子样本
Rsize	-0.075***	-0.154***	-0.049	-0.060*	-0.124***
	(-4.93)	(-6.18)	(-1.21)	(-1.78)	(-4.24)
Block	-0.001	-0.004	-0.001	0.004***	-0.002
	(-1.05)	(-1.63)	(-0.21)	(2.67)	(-1.28)
Volatility	2.825***	3.257**	0.585	7.901***	2.158*
	(4.76)	(2.25)	(0.68)	(5.67)	(1.71)
Liquidity	0.031	0.249**	0.104	-0.209	0.110
	(0.60)	(2.49)	(0.87)	(-1.23)	(0.90)
Roe	0.141	-0.374**	0.152	0.249	0.437**
	(1.14)	(-2.31)	(0.84)	(0.84)	(2.15)
Leverage	0.012	-0.316*	0.216	0.291**	0.480***
	(0.17)	(-1.88)	(1.24)	(1.99)	(3.07)
Growth	-0.001	0.062**	0.015	0.092*	-0.016
	(-0.17)	(2.16)	(0.36)	(1.78)	(-0.62)
BM	-0.080	-0.591***	-0.180	0.256***	-0.161
	(-1.16)	(-3.01)	(-1.37)	(2.70)	(-1.25)
Underwriter_rep	-0.007	0.027	0.031	0.135***	0.081*
	(-0.31)	(0.69)	(0.59)	(3.72)	(1.86)
Constant	1.261***	3.060***	0.962	0.914	2.553***
	(3.93)	(4.31)	(1.22)	(1.30)	(4.87)
Year dummy	控制	控制	控制	控制	控制
Industry dummy	控制	控制	控制	控制	控制
N	461	126	126	126	126
Adj. R^2	0.41	0.56	0.43	0.61	0.57

注：***、**、*分别表示在1%、5%、10%水平下显著，括号内数值为对应系数的 *t* 统计量。

5.4.2　风险投资影响企业定向增发折价率的作用机制探析

前面的研究表明，在定向增发中，由于风险投资的监督效应和认证效应，风险投资支持企业能够防止大股东的利益输送行为、缓解机构投资者和企业之间的信息不对称，使定向增发折价率显著更低。源于风险投资的异质性——所有权差异、声誉差异和投资策略差异，不同的风险投资将表现出不同的监督效应和认证效应。此外，风险投资与券商联盟可以产生风险投资和承销商之间的关系租金，关系租金的存在将降低企业定向增发折价率。因此，本部分分别从风险投资的监督效应、认证效应、关系租金效应三条渠道出发，厘清风险投资参与、风险投资—券商联盟、风险投资异质性对企业定向增发折价率的影响机制。

1. 企业盈余管理与风险投资的监督效应

为了检验风险投资的监督效应，本章使用定向增发前的盈余管理程度作为衡量风险投资监督效应的代理变量。在定向增发前企业会进行盈余管理以压低发行价，从而实现对定向增发认购对象的利益输送（章卫东，2010）。为了检验风险投资的监督效应对利益输送的抑制作用，下面从盈余管理的角度来度量公司治理质量的高低。在计算可操控应计利润（DA）时，本章参照 Ken 等（2007）、章卫东（2010）做法，使用修正 Jones 模型来计算企业在定向增发前 1 年的可操控应计利润。选取影响可操控应计利润的变量包括：定向增发前的公司资产规模（*Size*，公司总资产的自然对数）、第一大股东持股比例（*Block*）、盈利能力（*Roa*）、负债水平（*Leverage*）、账面市值比（*BM*）、行业因素和年份因素。结果如表 5.4 所示。

表 5.4　　风险投资影响定向增发的监督效应研究

变量	(1)	(2)	(3)	(4)
	盈余管理水平 *DA*			
	全样本	*VC* 子样本	*VC* 子样本	*VC* 子样本
VC	-0.285 * (-1.93)			
GVC		0.213 ** (2.28)		
VC _ rep			-0.147 ** (-2.04)	
VC _ syndicate				-0.206 ** (-2.05)
Size	0.383 (1.25)	-0.235 * (-1.78)	0.003 (0.03)	-0.289 ** (-2.53)
Block	0.0002 (0.04)	-0.006 (-1.12)	0.001 (0.16)	0.010 ** (2.10)
Roa	2.835 (1.59)	6.438 *** (5.17)	1.387 (0.87)	5.372 *** (3.57)
Leverage	0.844 (1.27)	-0.091 (-0.26)	0.208 (0.47)	1.592 *** (3.63)
BM	-1.276 (-1.42)	0.962 *** (3.94)	0.441 (1.00)	0.594 ** (2.03)
Constant	-7.291 (-1.17)	4.400 (1.61)	-0.418 (-0.18)	5.557 ** (2.36)
Year dummy	控制	控制	控制	控制
Industry dummy	控制	控制	控制	控制
N	461	126	126	126
Adj. R^2	0.11	0.30	0.24	0.39

注：＊＊＊、＊＊、＊分别表示在1%、5%、10%水平下显著，括号内数值为对应系数的 *t* 统计量。

回归结果如表 5.4 的第（1）列显示，有风险投资背景的企业定增前一年的盈余管理在 10% 的显著性水平下低于无风险投资背景的企业 28.5%。定增前一年的盈余管理水平越低，表明风险投资能够对被投企业起到更好的监督效应，进行利益输送的可能性越低。

回归结果如表 5.4 的第（2）列显示，国有风险投资背景的企业定增前一年的盈余管理在 5% 的显著性水平下高于非国有风险投资背景的企业 21.3%。这表明相较于非国有风险投资，国有风险投资对企业的监督效应发挥较差。

回归结果如表 5.4 的第（3）列显示，高声誉风险投资背景的企业定增前一年的盈余管理在 5% 的显著性水平下低于低声誉风险投资背景的企业 14.7%。这表明相较于低声誉风险投资，高声誉风险投资能够对企业发挥更优的监督效应。

回归结果如表 5.4 的第（4）列显示，联合风险投资背景的企业定增前一年的盈余管理在 5% 的显著性水平下低于单一风险投资背景的企业 20.6%，这表明相较于单一投资策略风险投资，联合投资策略风险投资能够对企业发挥更优的监督效应。

2. 企业股票信息度与风险投资的认证效应

当有关公司特质的信息不断被融入当前股票价格时，股价的信息含量将逐渐增加（苏冬蔚和熊家财，2013；Liao 等，2016）。因此，本章使用股票价格的信息含量作为度量信息不对称程度的代理变量，以检验定向增发过程中风险投资的认证效应。在计算股票价格信息含量时，参考 Morck 等（2000）的做法，采用公司宣告定向增发后第 2 个至第 31 个交易日之间的数据，通过回归将个股收益率的方差分解为市场收益率方差和公司特质因子方差两个部分，回归模型如式（5.6）所示：

$$r_{it} = \alpha_0 + \alpha_1 r_{mt} + \varepsilon_t \tag{5.6}$$

其中，r_{it} 为股票 i 的日收益率，r_{mt} 为创业板指数的日收益率，ε_t 为回归的残差。式（5.6）的拟合优度 R_i^2 代表了市场冲击对股票 i 收益率变动的影响，$1-R_i^2$ 则代表了公司的特质性信息对股票 i 收益率变动的影响。因此，构建如式（5.7）所示的股价信息含量：

$$SYN_{it} = \ln[(1-R_i^2)/R_i^2] \tag{5.7}$$

若公司股价中包含的公司特质信息越多，则 SYN_i 越大。参考前人文献（苏冬蔚和熊家财，2013；于丽峰等，2014），本章选取的影响股价信息含量的控制变量包括：公司定向增发募集资金总额（*Rsize*）、定向增发前第一大股东持股比例（*Block*）、盈利能力（*Roe*）、负债水平（*Leverage*）、账面市值比（*BM*）、行业因素和年份因素。回归结果如表5.5所示。

表 5.5 风险投资影响定向增发的认证效应研究

变量	(1)	(2)	(3)	(4)
	信息不对称指标 SYN			
	全样本	VC 子样本	VC 子样本	VC 子样本
VC	0.251* (1.70)			
GVC		−0.530* (−1.70)		
VC_rep			0.255* (1.69)	
VC_syndicate				0.367* (1.70)
Rsize	−0.049 (−0.60)	−0.212 (−1.08)	−0.063 (−0.65)	0.075 (0.61)
Block	0.012** (2.07)	0.008 (0.60)	0.011** (2.30)	0.008 (1.05)

续表

变量	(1)	(2)	(3)	(4)
	信息不对称指标 *SYN*			
	全样本	*VC* 子样本	*VC* 子样本	*VC* 子样本
Roe	-1.935 (-1.32)	-0.848 (-0.61)	-0.703 (-0.78)	-0.762 (-0.95)
Leverage	-0.062 (-0.13)	-1.187 (-1.19)	0.422 (0.62)	-0.891 (-1.36)
BM	-0.485 (-1.12)	0.026 (0.04)	-0.176 (-0.56)	-0.376 (-0.96)
Constant	1.197 (0.70)	2.903 (0.74)	-0.106 (-0.06)	-2.012 (-0.77)
Year dummy	控制	控制	控制	控制
Industry dummy	控制	控制	控制	控制
N	461	126	126	126
Adj. R^2	0.10	0.18	0.38	0.43

注：***、**、*分别表示在 1%、5%、10% 水平下显著，括号内数值为对应系数的 t 统计量。

如表 5.5 的第（1）列显示，有风险投资背景的企业定向增发时的股票信息度在 10% 的显著性水平下高于无风险投资背景的企业 25.1%。这表明相较于无风险投资的企业，风险投资支持能够更好地发挥认证效应，缓解定向增发过程中企业与投资人之间的信息不对称，进而降低发行折价率。

如表 5.5 的第（2）列显示，有国有风险投资支持的企业定向增发时股票信息度在 10% 的显著性水平下低于非国有风险投资支持企业 53%。这表明相较于国有风险投资，非国有风险投资对企业的认证效应更优。

如表5.5的第（3）列显示，高声誉风险投资支持的企业在定向增发时的股票信息度在10%的显著性水平下高于低声誉风险投资支持的企业25.5%。这表明相较于低声誉风险投资，高声誉风险投资对企业的认证效应更优。

如表5.5的第（4）列显示，联合风险投资支持的企业定向增发时的股票信息度在10%的显著性水平下高于单一风险投资支持的企业36.7%。这表明相较于单一风险投资，联合风险投资能够有效地发挥认证效应。

3. 定向增发持续时间与风险投资的关系租金效应

定向增发持续时间是反映定向增发效率的一个直观因素。一个较短的定向增发持续时间意味着定向增发方案的设计、询价、股权交割等过程进行得较为顺利，是反映定向增发参与者沟通效率的一个直观指标。此外，一个较短的定向增发持续时间也通常代表着定向增发参与者所面临的信息不对称程度较低、利益输送的操作概率较低。关系租金的存在能够显著抑制利益输送操作并降低信息不对称。因此，可以预见，存在VC—券商联盟关系的公司定向增发持续时间应当较短。为了检验上述机制，即VC—券商联盟关系对定向增发持续时间的影响，构建了如下模型：

$$Time = \beta_0 + \beta_1 VU + \beta_2 X + \varepsilon \tag{5.8}$$

式（5.8）中的被解释变量为定向增发持续时间（*Time*）。本章使用从股东大会公告日到上市日之间的间隔天数来度量。*X* 为影响定向增发持续时间的控制变量，定向增发发行比例（*Fraction*）、发行规模（*Rsize*）、定向增发前第一大股东持股比例（*Block*）、波动性（*Volatility*）、流动性（*Liquidity*）、盈利能力（*Roe*）、负债水平（*Leverage*）、成长性（*Growth*）、账面市值比（*BM*）、年份虚拟变量（*Year*）和行业虚拟变量

（*Industry*）。回归结果如表 5.6 所示。

表 5.6 风险投资影响定向增发的关系租金效应研究

变量	定向增发持续时间：Time
VU	-30.40 * (-1.69)
Fraction	-75.15 (-0.42)
Rsize	-31.82 * (-1.86)
Block	-0.551 (-0.82)
Volatility	682.8 ** (2.13)
Liquidity	246.4 *** (2.67)
Roe	186.4 (0.92)
Leverage	-37.51 (-0.53)
Growth	-9.421 (-0.36)
BM	138.1 * (1.72)
Constant	492.5 (1.24)
Year dummy	控制
Industry dummy	控制
N	126
Adj. R^2	0.47

注：* * *、* *、* 分别表示在 1%、5%、10% 水平下显著，括号内数值为对应系数的 *t* 统计量。

式（5.8）的回归结果如表5.6所示，结果显示存在VC—券商联盟关系的公司定向增发持续时间在10%的显著性水平下低于无VC—券商联盟关系的公司30.4天，这表明风险投资与券商联盟所产生的关系租金可以起到提高增发实施效率的作用，缓解机构投资者和企业之间的信息不对称，从而降低定向增发折价率。

5.4.3 进一步分析：定向增发新政的影响

2017年2月证监会对《上市公司非公开发行股票实施细则》部分条文进行修订，修改了定向增发的基准日条款，对定向增发拟发行的股份数量、定增间隔时间等作出了更详细规定，并加强对上市公司再融资的规范管理。

考虑到政策变化对本研究可能产生的影响，本章以2017年2月作为时间间隔，将2017年1月31日之前发生的增发事件作为政策变动前样本，2017年2月28日以后发生的增发事件作为政策变动后样本，针对政策变化前后的子样本，分别对式（5.1）至式（5.5）进行回归，结果如表5.7和表5.8所示。观察表5.7和表5.8的结果，可以发现，无论在政策变化前后，本章的研究结论均未发生显著变化。

表5.7 政策变动前风险投资影响企业定向增发折价率的回归分析

变量	(1)	(2)	(3)	(4)	(5)
	Discount	Discount	Discount	Discount	Discount
VC	-0.048* (-1.66)				
VU		-0.194*** (-3.17)			
GVC			0.143** (2.39)		

续表

变量	(1)	(2)	(3)	(4)	(5)
	Discount	Discount	Discount	Discount	Discount
VC _ rep				-0. 188 *** (-3. 41)	
VC _ syndicate					-0. 109 * (-1. 88)
Fraction	1. 340 *** (7. 23)	0. 841 * (1. 84)	1. 666 *** (3. 27)	1. 275 *** (3. 03)	1. 427 *** (3. 35)
Rsize	-0. 097 *** (-5. 58)	-0. 059 (-1. 44)	-0. 105 ** (-2. 44)	-0. 051 (-1. 15)	-0. 157 *** (-3. 41)
Block	-0. 001 (-0. 78)	-0. 008 ** (-2. 57)	0. 002 (0. 63)	0. 004 * (1. 95)	0. 003 (1. 36)
Volatility	2. 771 *** (4. 71)	2. 665 (1. 61)	0. 313 (0. 36)	7. 258 *** (4. 59)	1. 442 (0. 97)
Liquidity	0. 021 (0. 34)	0. 233 * (1. 97)	0. 069 (0. 51)	-0. 238 (-1. 18)	-0. 100 (-0. 66)
Roe	-0. 025 (-0. 16)	-0. 147 (-0. 69)	-0. 055 (-0. 34)	0. 205 (0. 62)	0. 114 (0. 44)
Leverage	-0. 030 (-0. 36)	-0. 331 (-1. 62)	0. 235 (1. 05)	0. 178 (1. 04)	-0. 027 (-0. 16)
Growth	0. 040 ** (2. 06)	0. 036 (0. 97)	0. 025 (0. 53)	0. 135 ** (2. 20)	0. 054 (1. 13)
BM	-0. 167 ** (-2. 19)	-0. 305 (-1. 00)	-0. 242 (-1. 64)	0. 318 *** (2. 84)	0. 282 ** (2. 52)
Underwriter _ rep	-0. 007 (-0. 26)	0. 061 (1. 36)	0. 077 (1. 16)	0. 168 *** (3. 96)	0. 151 *** (2. 80)
Constant	1. 441 *** (4. 10)	1. 374 (1. 41)	1. 854 ** (2. 25)	0. 911 (1. 04)	3. 003 *** (3. 35)
Year	控制	控制	控制	控制	控制
Industry	控制	控制	控制	控制	控制
N	334	94	94	94	94
Adj. R^2	0. 39	0. 53	0. 47	0. 76	0. 61

注：＊＊＊、＊＊、＊分别表示在1%、5%、10%水平下显著，括号内数值为对应系数的 t 统计量。

表 5.8　政策变动后风险投资影响企业定向增发折价率的回归分析

变量	(1)	(2)	(3)	(4)	(5)
	Discount	Discount	Discount	Discount	Discount
VC	-0.114* (-1.78)				
VU		-0.058*** (-5.13)			
GVC			0.035** (2.41)		
VC_rep				-0.201* (-1.90)	
VC_syndicate					-0.282* (-1.98)
Fraction	1.058** (2.59)	0.990*** (9.21)	-0.121* (-2.24)	2.458*** (4.01)	1.185 (0.75)
Rsize	-0.028 (-0.84)	-0.103*** (-6.62)	0.016** (2.58)	-0.262** (-3.23)	-0.238 (-1.25)
Block	0.002 (1.41)	-0.002** (-2.54)	-0.0004** (-2.92)	-0.014** (-3.04)	-0.021** (-3.30)
Volatility	-3.078 (-1.17)	4.022*** (5.47)	0.322 (0.97)	-0.236 (-0.05)	-13.39 (-1.72)
Liquidity	0.130 (1.06)	0.010 (0.29)	0.005 (0.31)	-0.365 (-1.34)	-0.773 (-1.01)
Roe	0.342 (0.89)	1.451*** (11.52)	0.059 (1.64)	4.257*** (5.67)	3.934** (2.58)
Leverage	-0.002 (-0.01)	-0.687*** (-12.32)	-0.030 (-1.26)	-0.286 (-0.70)	0.403 (0.43)
Growth	0.103 (1.39)	0.040*** (5.83)	0.004 (0.79)	0.020 (0.36)	0.031 (0.23)
BM	0.053 (0.41)	0.456*** (11.42)	-0.099** (-2.71)	1.488*** (7.21)	1.157 (1.22)

续表

变量	(1)	(2)	(3)	(4)	(5)
	Discount	Discount	Discount	Discount	Discount
Underwriter _ rep	0.013	-0.065 **	-0.003	-0.235 **	-0.075
	(0.28)	(-2.33)	(-0.48)	(-2.83)	(-0.32)
Constant	-0.542	2.094 ***	-0.085	5.485 **	5.575
	(-0.91)	(6.15)	(-0.64)	(2.96)	(1.38)
Year	控制	控制	控制	控制	控制
Industry	控制	控制	控制	控制	控制
N	121	29	29	29	29
Adj. R^2	0.38	0.57	0.60	0.45	0.68

注：＊＊＊、＊＊、＊分别表示在1%、5%、10%水平下显著，括号内数值为对应系数的 t 统计量。

5.4.4　稳健性检验

1. 内生性的考虑

Lee 和 Wahal（2004）指出，风险投资和被投资企业之间可能存在内生关系，风险投资会根据自己的标准来选择企业进行投资。为了消除这种自选择因素所带来的影响，本章分别采用 Heckman 两阶段回归模型来控制样本的自选择偏误，参考前人文献（蔡卫星等，2013），构建了如式（5.9）至式（5.14）所示的回归方程。

$$Pr(VC = 1) = \alpha_0 + \alpha_1 Z + \varepsilon \tag{5.9}$$

$$Discount = \alpha_0 + \alpha_1 IMR + \alpha_2 VC + \alpha_3 X + \varepsilon \tag{5.10}$$

$$Discount = \alpha_0 + \alpha_1 IMR + \alpha_2 VU + \alpha_3 X + \varepsilon \tag{5.11}$$

$$Discount = \alpha_0 + \alpha_1 IMR + \alpha_2 GVC + \alpha_3 X + \varepsilon \tag{5.12}$$

$$Discount = \alpha_0 + \alpha_1 IMR + \alpha_2 VC\_rep + \alpha_3 X + \varepsilon \tag{5.13}$$

$$Discount = \alpha_0 + \alpha_1 IMR + \alpha_2 VC\_syndicate + \alpha_3 X + \varepsilon \tag{5.14}$$

式（5.9）是第一阶段的 Probit 回归，其中，$Pr(VC = 1)$ 表示获得风险投资支持的概率，当企业有风险投资参股时，该变量为 1，否则为

0。*Z* 为一组能够影响风险投资行为的控制变量，借鉴前人文献，本章选择了如下因素作为控制变量 *Z*：（1）企业是否有政治关系（*Guanxi*），如果企业高管中具有政治背景，即目前或者曾经在中央或地方各级政府任职或者为中央或地方各级人大代表或者政协委员，则 *Guanxi* 取 1，否则取 0；（2）企业在上市前的成立时间（*Birth*，以年度量）；（3）企业的规模（*Size*）、成长性（*Growth*）、盈利能力（*Roa*）、资本结构（*Lev*）分别为企业上市前一年总资产的对数、营业总收入的增长率、资产收益率和负债资产比；（4）行业虚拟变量；（5）年份虚拟变量。式（5.10）至式（5.14）为第二阶段的线性回归，其中 *IMR* 为式（5.9）所得到的逆米尔斯因子（Inverse Mills Ratio），其余控制变量 *X* 的定义与表 5.1 相同。回归结果如表 5.9 所示。观察表 5.9 中所列示的回归结果可以发现，控制内生性后，结论并未发生显著性变化。

表 5.9　控制内生性后风险投资影响企业定向增发折价率的回归分析

变量	(1)	变量	(2)	(3)	(4)	(5)	(6)
	VC		Discount	Discount	Discount	Discount	Discount
Guanxi	0.625** (2.37)	*VC*	-0.063* (-1.75)				
Birth	-0.024 (-0.74)	*IMR*	0.029 (0.71)	0.144 (1.20)	-0.025 (-0.17)	0.317*** (4.28)	0.150 (1.24)
Size	0.191 (0.83)	*VU*		-0.250* (-1.92)			
Roa	-6.069** (-2.22)	*GVC*			0.267* (2.01)		
Leverage	-0.311 (-0.37)	*VC_rep*				-0.019* (-1.75)	
Growth	0.512 (1.22)	*VC_syndicate*					-0.233* (-1.76)

续表

变量	(1)	变量	(2)	(3)	(4)	(5)	(6)
	VC		Discount	Discount	Discount	Discount	Discount
		Fraction	1. 443 ***	2. 427 ***	1. 890 **	1. 666 **	2. 047 **
			(4. 85)	(2. 98)	(2. 39)	(2. 62)	(2. 56)
		Rsize	-0. 082 ***	-0. 158	-0. 064	-0. 065	-0. 103
			(-2. 70)	(-1. 60)	(-0. 69)	(-0. 73)	(-1. 09)
		Block	-0. 002	-0. 006	-0. 005	-0. 002	-0. 006
			(-1. 27)	(-1. 33)	(-1. 25)	(-0. 83)	(-1. 40)
		Volatility	2. 919 ***	-0. 139	4. 919	0. 409	-0. 639
			(2. 77)	(-0. 03)	(0. 99)	(0. 10)	(-0. 13)
		Liquidity	0. 029	-0. 180	-0. 041	-0. 255	-0. 165
			(0. 29)	(-0. 66)	(-0. 15)	(-0. 88)	(-0. 60)
		Roe	-0. 051	-0. 410	-0. 595	-0. 456 ***	-0. 347
			(-0. 25)	(-1. 16)	(-1. 68)	(-3. 12)	(-0. 96)
		Leverage	0. 126	0. 230	-0. 168	0. 242	0. 186
			(0. 91)	(0. 49)	(-0. 35)	(0. 52)	(0. 39)
		Growth	0. 001	0. 071	0. 137	-0. 025	0. 200 *
			(0. 18)	(0. 68)	(1. 39)	(-0. 27)	(1. 87)
		BM	-0. 342 ***	-0. 551 **	-0. 400	-0. 320	-0. 370
			(-3. 38)	(-2. 28)	(-1. 61)	(-1. 43)	(-1. 41)
		Underwriter _ rep	-0. 046	-0. 007	0. 098	-0. 149	0. 058
			(-1. 18)	(-0. 05)	(0. 69)	(-0. 91)	(0. 41)
Constant	-1. 871	*Constant*	1. 482 **	3. 752 *	1. 184	1. 356	2. 067
	(-0. 39)		(2. 46)	(1. 80)	(0. 62)	(0. 71)	(1. 09)
Year	控制	*Year*	控制	控制	控制	控制	控制
Industry	控制	*Industry*	控制	控制	控制	控制	控制
N	461	*N*	461	126	126	126	126
PseudoR^2	0. 39	Adj. R^2	0. 43	0. 60	0. 60	0. 53	0. 59

注：＊＊＊、＊＊、＊分别表示在1%、5%、10%水平下显著，括号内数值为对应系数的 *t* 统计量。

2. 券商直投影响 VC—承销商联盟关系的稳健性考虑

券商直投类风险投资机构具有特殊性，张学勇等（2014）指出券商直投兼具承销商和风险投资的双重身份，且国内的券商直投往往选择自己的股东单位作为项目的承销商，因此券商直投类风险投资机构与承销保荐机构之间的关系不属于单纯的伙伴关系。本章将券商直投类风险投资参股的上市公司从样本中剔除，对式（5.2）进行重新回归，研究结论保持不变。结果如表 5.10 所示。

表 5.10 剔除券商直投后风险投资影响企业定向增发折价率的回归分析

变量	Discount
VU	-0.068** (-2.18)
Fraction	0.720** (2.43)
Rsize	-0.115*** (-4.57)
Block	-0.009*** (-5.05)
Volatility	2.046* (1.96)
Liquidity	0.208** (2.61)
Roe	0.362** (1.99)
Leverage	-0.528*** (-4.01)
Growth	0.050** (2.29)

续表

变量	Discount
BM	-0.059 (-0.39)
Underwriter _ rep	-0.093 *** (-2.94)
Constant	2.190 *** (3.58)
Year dummy	控制
Industry dummy	控制
N	126
Adj. R^2	0.73

注：＊＊＊、＊＊、＊分别表示在1%、5%、10%水平下显著，括号内数值为对应系数的 *t* 统计量。

3. 重新界定 VC—券商联盟关系的稳健性检验

将 VC—券商联盟关系界定为同一家主风险投资和同一家主承销商存在 3 次及以上的 IPO 业务或定向增发业务合作，并对式（5.2）进行回归，结果分别如表 5.11 所示。可以发现，本章的结论保持不变。

表 5.11　　重新界定 VC—联盟关系后风险投资影响企业定向增发折价率的回归分析

变量	Discount
VU	-0.114 *** (-2.84)
Fraction	1.954 *** (5.03)
Rsize	-0.167 *** (-6.64)
Block	-0.003 * (-1.95)

续表

变量	Discount
Volatility	2.302 * (1.72)
Liquidity	0.357 *** (4.52)
Roe	-0.177 (-1.18)
Leverage	-0.219 (-1.54)
Growth	0.023 (0.86)
BM	-0.515 *** (-2.72)
Underwriter _ rep	0.001 (0.03)
Constant	3.182 *** (4.42)
Year dummy	控制
Industry dummy	控制
N	126
Adj. R^2	0.61

注：＊＊＊、＊＊、＊分别表示在1%、5%、10%水平下显著，括号内数值为对应系数的 *t* 统计量。

4. 替换定向增发折价率度量指标的稳健性检验

本章还使用 Discount _ 0，Discount _ 10 和 Discount _ A10 分别来度量定向增发折价率，回归结果如表 5. 12—表 5. 14 所示，可以发现，结论与前面的研究保持一致。

表 5.12　　定向增发折价率 Discount0 的稳健性检验结果

变量	(1)	(2)	(3)	(4)	(5)
	Discount0	Discount0	Discount0	Discount0	Discount0
VC	-0.0527 ** (-1.98)				
VU		-0.174 *** (-4.19)			
GVC			0.125 *** (2.87)		
VC_rep				-0.143 *** (-2.92)	
VC_syndicate					-0.113 *** (-2.97)
Fraction	1.167 *** (6.30)	1.092 *** (3.00)	2.987 *** (8.41)	0.674 * (1.93)	1.546 *** (5.47)
Rsize	-0.070 *** (-4.70)	-0.180 *** (-7.75)	-0.130 *** (-3.57)	-0.215 *** (-8.63)	-0.109 *** (-4.17)
Block	0.0001 (0.17)	-0.002 (-0.68)	0.009 *** (5.48)	-0.004 ** (-2.63)	-0.002 (-1.44)
Volatility	1.300 ** (2.41)	-0.008 (-0.01)	2.023 (1.29)	-2.961 ** (-2.53)	1.687 (1.39)
Liquidity	0.090 * (1.69)	0.360 *** (3.81)	-0.085 (-0.44)	0.262 *** (3.78)	0.239 ** (2.26)
Roe	0.068 (0.63)	-0.372 ** (-2.42)	0.461 (1.38)	0.120 (0.57)	0.390 ** (2.13)
Leverage	0.022 (0.34)	-0.105 (-0.65)	0.416 ** (2.60)	-0.031 (-0.26)	0.143 (0.93)
Growth	0.001 (0.32)	0.047 * (1.72)	0.070 (1.14)	0.063 *** (2.79)	-0.009 (-0.38)
BM	-0.172 ** (-2.48)	-0.920 *** (-4.75)	0.233 ** (2.26)	-0.473 ** (-2.62)	-0.143 (-1.19)

续表

变量	(1)	(2)	(3)	(4)	(5)
	Discount0	Discount0	Discount0	Discount0	Discount0
Underwriter _ rep	-0.012 (-0.58)	0.054 (1.45)	0.288 *** (7.56)	-0.138 *** (-4.33)	0.025 (0.62)
Constant	1.228 *** (3.97)	4.050 *** (5.69)	2.169 *** (2.80)	4.965 *** (7.69)	2.262 *** (4.72)
Year	控制	控制	控制	控制	控制
Industry	控制	控制	控制	控制	控制
N	461	126	126	126	126
Adj. R^2	0.39	0.65	0.72	0.73	0.64

注：＊＊＊、＊＊、＊分别表示在1%、5%、10%水平下显著，括号内数值为对应系数的 t 统计量。

表 5.13　　定向增发折价率 Discount10 的稳健性检验结果

变量	(1)	(2)	(3)	(4)	(5)
	Discount10	Discount10	Discount10	Discount10	Discount10
VC	-0.070 ** (-2.50)				
VU		-0.232 *** (-5.04)			
GVC			0.119 ** (2.57)		
VC _ rep				-0.151 ** (-2.43)	
VC _ syndicate					-0.083 * (-1.86)
Fraction	1.161 *** (6.22)	0.861 ** (2.19)	2.402 *** (6.21)	0.552 (1.24)	0.591 (1.46)
Rsize	-0.068 *** (-4.21)	-0.043 * (-1.66)	-0.098 ** (-2.47)	-0.067 ** (-2.08)	-0.029 (-1.09)

续表

变量	(1)	(2)	(3)	(4)	(5)
	Discount10	Discount10	Discount10	Discount10	Discount10
Block	0. 0002 (0. 26)	0. 001 (0. 62)	0. 008 *** (4. 55)	0. 001 (0. 51)	0. 003 (1. 55)
Volatility	1. 132 ** (2. 17)	2. 779 * (1. 84)	4. 141 ** (2. 43)	0. 875 (0. 59)	4. 579 *** (3. 37)
Liquidity	0. 060 (1. 06)	0. 201 * (1. 94)	-0. 229 (-1. 08)	0. 112 (1. 28)	0. 084 (0. 82)
Roe	0. 0004 (0. 00)	-0. 651 *** (-3. 93)	0. 269 (0. 73)	0. 159 (0. 58)	-0. 337 (-1. 36)
Leverage	0. 036 (0. 53)	-0. 238 (-1. 36)	0. 304 * (1. 75)	0. 079 (0. 53)	-0. 198 (-1. 17)
Growth	0. 0003 (0. 07)	0. 023 (0. 75)	0. 083 (1. 23)	0. 024 (0. 82)	0. 074 ** (2. 12)
BM	-0. 180 ** (-2. 56)	-0. 812 *** (-4. 07)	0. 271 ** (2. 47)	-0. 535 ** (-2. 32)	-0. 602 *** (-2. 79)
Underwriter _ rep	-0. 0004 (-0. 02)	0. 176 *** (4. 33)	0. 306 *** (7. 61)	-0. 074 * (-1. 81)	0. 063 (1. 46)
Constant	1. 119 *** (3. 30)	1. 132 (1. 55)	1. 407 * (1. 66)	1. 766 ** (2. 13)	0. 816 (1. 18)
Year	控制	控制	控制	控制	控制
Industry	控制	控制	控制	控制	控制
N	461	126	126	126	126
Adj. R^2	0. 39	0. 56	0. 79	0. 43	0. 47

注：＊＊＊、＊＊、＊分别表示在1%、5%、10%水平下显著，括号内数值为对应系数的 t 统计量。

表 5.14　　定向增发折价率 **DiscountA10** 的稳健性检验结果

变量	(1)		(2)	(3)	(4)
	DiscountA10	DiscountA10	DiscountA10	DiscountA10	DiscountA10
VC	-0.061** (-2.20)				
VU		-0.209*** (-4.59)			
GVC			0.116** (2.50)		
VC_rep				-0.171*** (-3.06)	
VC_syndicate					-0.100** (-2.52)
Fraction	1.214*** (6.49)	1.139*** (2.91)	2.483*** (6.31)	0.352 (0.90)	0.632* (1.76)
Rsize	-0.072*** (-4.66)	-0.143*** (-5.53)	-0.104** (-2.59)	-0.184*** (-6.38)	-0.158*** (-6.76)
Block	0.0001 (0.13)	-0.002 (-0.66)	0.009*** (4.83)	-0.003 (-1.56)	-0.002 (-0.99)
Volatility	1.192** (2.32)	0.676 (0.45)	4.087** (2.38)	-2.272* (-1.73)	0.795 (0.66)
Liquidity	0.093* (1.66)	0.392*** (3.78)	-0.113 (-0.54)	0.229*** (2.94)	0.222** (2.47)
Roe	0.015 (0.13)	-0.489*** (-2.94)	0.346 (0.95)	0.255 (1.06)	-0.274 (-1.26)
Leverage	0.036 (0.53)	-0.272 (-1.58)	0.304* (1.78)	-0.078 (-0.58)	-0.420*** (-2.81)
Growth	0.001 (0.20)	0.030 (1.00)	0.081 (1.21)	0.046* (1.80)	0.111*** (3.61)
BM	-0.198** (-2.38)	-0.846*** (-4.25)	0.279*** (2.64)	-0.423** (-2.16)	-0.436** (-2.30)

续表

变量	(1)		(2)	(3)	(4)
	DiscountA10	DiscountA10	DiscountA10	DiscountA10	DiscountA10
Underwriter _ rep	0. 001 (0. 05)	0. 110 *** (2. 72)	0. 307 *** (7. 68)	−0. 129 *** (−3. 55)	0. 0003 (0. 01)
Constant	1. 215 *** (3. 73)	3. 164 *** (4. 40)	1. 543 * (1. 81)	4. 256 *** (5. 95)	3. 557 *** (5. 81)
Year	控制	控制	控制	控制	控制
Industry	控制	控制	控制	控制	控制
N	461	126	126	126	126
Adj. R^2	0. 39	0. 59	0. 77	0. 63	0. 67

注：＊＊＊、＊＊、＊分别表示在 1%、5%、10% 水平下显著，括号内数值为对应系数的 t 统计量。

5. 5　本章小结

当前，定向增发中存在的过度融资、定价偏差等问题，导致资本市场的资源配置功能存在一定失衡，引发了监管机构的高度关注（中国证监会，2017）。如何完善定向增发中的定价机制，成为资本市场制度建设中的重要课题。本章收集了 2012 年 6 月 21 日至 2018 年 6 月 30 日我国创业板上市企业完成的定向增发事件，从定向增发参与者的视角出发，采用理论与实证分析相结合的手段，深入研究了风险投资参与、风险投资与承销商的联盟关系、风险投资异质性特征对上市企业定向增发折价的影响效果和作用机制。具体结果如下：

第一，我国创业板上市企业的定向增发存在高折价现象。描述性统计的结果显示，将定价的折价率指标作为创业板上市企业定向增发发行日的收盘价与实际发行价格的偏离程度时，发现这一指标平均高达 20. 4%；使用稳健性指标诸如定向增发首次公告日的收盘价、首次公告日后10天的收盘价、首次公告日后10天的平均收盘价与发行价格的偏离程度等，计算出的折价率平均分别为19.1%、18%和18.5%。这表明与主板市场相同，创业板上市企业的定向增发同样表现出折价发行。

第二，风险投资具有降低定向增发高折价的积极影响作用。通过理论分析和实证检验，本章研究发现风险投资支持企业定向增发折价率显著偏低。与其他风险投资支持企业相比，当风险投资与承销商存在联盟关系、具有高声誉和采取联合投资策略等情形下，表现出显著更低的定向增发折价，而国有风险投资支持企业的定向增发折价率则显著更高。

第三，风险投资对上市企业定向增发折价率的影响渠道有三种，分别是：风险投资的监督功能（通过盈余管理指标得到检验）；风险投资的认证效应（通过股票信息不对称指标得到检验）；风险投资与承销商的关系租金（通过定向增发持续时间得到检验），上述三条渠道使得定向增发高折价现象得到缓解。

本章的研究具有一定的理论启示。一直以来，定向增发的高折价现象受到了学者们的关注。现有理论提出了流动性补偿假说、信息不对称假说和利益输送假说等，对定向增发的高折价进行解释。近年来，伴随着风险投资的发展，我国上市企业特别是创业板企业多数受到风险投资支持，这意味着定向增发的定价过程不仅涉及大股东、小股东和一般机构投资者，还涉及了风险投资股东。风险投资具有丰富的社会资本，其与银行、券商、同业都存在广泛业务合作，这使得在定向增发中，风险投资与券商的合作关系值得引起关注。在上述背景下，研究风险投资参与、风险投资与承销商的联盟关系、风险投资异质性特征对企业定向增发定价的影响效果，具有重要的理论启示。

第一，在研究视角方面，本章从风险投资这一原始股东的角度出发，探索风险投资股东、风险投资的社会资本、风险投资的异质性特征对企业定向增发折价的影响效果和作用机理，有助于深入理解定向增发定价过程中各参与主体的作用，亦有助于丰富定向增发定价、风险投资价值创造等相关理论。

第二，在研究对象方面，一般认为，企业的定向增发过程中牵系着各类股东之间的利益分配，大股东、外部新股东可能会通过定增侵占原中小股东利益，此时制衡的力量就显得特别重要。创业板上市企业提供了一个天然的观察制衡股东作用的平台，能够更加准确地捕捉到制衡股东——风险投资对公司定向增发定价的作用，验证了风险投资股东及其社会资本在我国上市公司定向增发中所发挥的作用，提供了来自新兴市场的经验证据。

第三，在认识资本市场的卖方和买方的关系上，本章提出了新的联盟和关系资本的理论框架。在传统意义上，券商代表着资本市场的卖方，以促成交易为主要目的；风险资本代表着资本市场的买方，以实现价值创造为主要目的。因此，金融中介理论历来认为二者在金融市场上扮演不同角色，具体的价值估值模型、投资理念都存在着一定的鸿沟。本章以定向增发中存在的多次合作/博弈关系为基准，提出作为卖方的券商与作为买方的风险资本存在着联盟关系，并进而产生合作，而且这种合作关系竟然有效地提高了定向增发的定价效率，这一研究视角为资本市场的理论和实证研究构建了一个新的理论框架，当然后续有待于更多学者进行探索。

本章的研究还具有一定的实践启示：揭示了风险投资对企业定向增发折价的影响，这对于保护投资者利益、引导资源实现合理配置具有一定的参考价值。具体的政策建议如下：

第一，引导和规范风险投资参与上市企业定向增发，充分发挥 VC 股东的价值增值作用。作为资本市场的中介机构，风险投资不仅向企业提供了资金支持，还通过监督效应、认证效应对企业发挥了价值增值作用；不仅参与了企业的 IPO 活动，还在企业后续的并购扩张、再融资活动中发挥着积极作用。政府可以通过税收优惠、政府担保、信贷优惠等在风险投资的发展上给予政策支持，提升风险投资的市场活力。引导风险投资积极参与市场化运作，使市场资源能够得到合理配置，从而实现优胜劣汰、优化产业结构。

第二，风险投资机构是资本市场的常客，无论是被投资企业的 IPO 事件、定向增发事件，还是后续的并购扩张、资产管理，都将涉及与承销商的合作往来。作为风险投资十分重要的关系资本，与承销商的多次合作可以实现双方的优势互补和资源共享。风险投资应当在保荐期间与承销商建立良好的关系，充分降低双方之间的信息不对称，以减少后续合作中的沟通、交流等成本，构建信任稳定的合作基础。

第三，风险投资应当重视自身声誉的积累。基于风险投资声誉的鉴证功能，高质量的公司为了避免逆向选择问题的发生，将其与低质量的公司区别开来，倾向于选择与高声誉的风险投资机构进行合作。因此，风险投资应当在提供服务的过程中注重自身声誉的积累，更好地为客户提供专业化服务，努力提高市场份额和信誉。

第6章 结论与政策建议

6.1 研究结论

价值发现—价值创造—价值实现是风险投资机构对被投资企业进行投资、管理和退出的三部曲。尽管风险投资家是以盈利为目的的金融机构，在帮扶创业企业成功上市之后，存在退出的激励。然而，现实数据显示，我国风险投资机构在解禁期到来之后，并不会选择完全退出被投资企业。相反地，风险投资机构将会留在董事会中继续发挥监督作用，在企业融资事件中发挥认证作用。对于被投资企业来说，引进风险投资的动机不仅在于风险投资在初创期为自身提供的资金支持，在企业成长上市之后，被投资企业也希望利用风险投资的监督功能、认证功能、社会资源等作用来进行公司治理。

IPO、并购和定向增发均为企业成长过程中最为重要的三项决策。上市标志着一个企业生命周期进入了新的阶段，并购则帮助上市企业实现了快速发展壮大，定向增发为上市企业后续再融资的最主要渠道。资产定价效率的高低关系着市场资源配置的有效性，IPO首日折价率、并购市场定价效率、定向增发折价率则是对上市企业股份定价效率的集中体现。较高的定价效率能够提高企业资产（股票）在资源配置中的有效性，实现企业的价值增值。因此，研究风险投资对企业 IPO 首日折价率、并购市场定价效率、定向增发折价率的影响便具有一定的理论意义和现实意义。

为了研究上述三个问题，本书首先以我国创业板上市企业的 IPO 事件作为研究对象，统计了在创业板上市过程中风险投资与券商之间的合作次数。将存在 2 次及以上合作次数的关系定义为风险投资—券商合作关系，并将 IPO 首日传统折价率分解为一级市场的内在折价率和二级市场的市场反应率两个指标，实证研究发现：（1）由于风险投资具备一定的认证功能，而风险投资与券商的合作关系能够通过社会资本作用提高风险投资的认证效应，也能够通过在一级市场吸引承销商参与询价。因此，对于内在折价率指标而言：存在风险投资—券商合作关系的风险投资持股公司 < 不存在合作关系的风险投资持股公司 < 无风险投资持股公司。（2）风险投资具备一定的市场力量，风险投资与券商的合作关系可以使得风险投资的市场力量得到进一步强化，也能够在二级市场更加吸引分析师的关注。因此，对于市场反应率而言：无风险投资持股公司 < 不存在合作关系的风险投资持股公司 < 存在风险投资—券商合作关系的风险投资持股公司。（3）风险投资的市场力量对企业的作用占据上风，因此，对于 IPO 首日传统折价率而言：无风险投资持股公司 < 不存在合作关系的风险投资持股公司 < 存在风险投资—券商合作关系的风险投资持股公司。

其次，在研究风险投资对创业板上市企业并购绩效的影响时，本书发现：（1）风险投资能够提高企业在并购宣告日前后的市场定价，从而增强了企业的并购绩效；（2）伴随着风险投资参与度的提高和高声誉的风险投资，风险投资背景企业的并购绩效也将随之提升。为了解释造成该现象的内在机理，本书分别从风险投资在并购前对并购成本的影响和并购后对主并方资源整合能力的影响两个角度出发，经研究发现，风险投资的认证效应和监督效应能够降低主并方的并购成本，提高并购的定价的准确度、降低并购溢价，同时，提高主并方在并购后的内部控制有效性，进而提高主并方的资源整合能力。并购成本的降低和资源整合能力的提高提升了并购绩效。而随着风险投资参与度的提高和风投声誉的增加，上述两种机制的作用均有所提升。

最后，在研究风险投资对创业板上市企业定向增发折价率的影响时，本书将定向增发分为：面向大股东的定向增发、面向机构投资者的定向增发和面向大股东及机构投资者的定向增发三种情形，通过实证分析的方法研究了不同定向增发情形下风险投资对定向增发发行价格的影响。结果发现：（1）我国创业板上市企业定向增发存在明显的高折价现象，平均折价率高达 20.4%。风险投资能够降低企业的定向增发折价率，使发行价格更接近于市场价格。与风险投资存在联盟关系、非国有背景、高声誉或采取联合投资策略的风险投资支持企业表现出更低的定向增发折价率。（2）风险投资对企业定向增发折价的作用机制源自：风险投资的监督效应，表现为减少定向增发前企业的盈余管理，缓解定向增发中的利益输送；风险投资的认证效应，表现为提升企业的股票信息度，缓解机构投资者和企业之间的信息不对称；风险投资的关系租金效应，表现为减少定向增发持续时间，加快定向增发的推进效率。（3）进一步研究显示，风险投资对定向增发的监督认证效应和关系租金效应在定向增发新政实施前后未发生显著变化。

6.2　政策建议

本书的研究结论对于政府、公司管理层、风险投资机构、投资者等市场参与主体都具有一定的启发。

第一，近年来我国政策采取了一系列措施鼓励和规范风险投资行业的发展，本书的研究结论证明风险投资行业的发展有助于提高企业在IPO过程中的定价效率，提高资源配置的有效性。风险投资还能够提高企业在并购后的市场定价效率，使被投资企业能够通过并购实现价值增值，而企业价值的提高又将转化成有力的社会生产力。此外，风险投资的监督作用还能够缓解大股东在定向增发过程中的“隧道挖掘”效应，减少大股东对小股东的利益侵蚀，缓解了两者之间的利益冲突，有助于完善被投资企业的公司治理。由此可见，政府应当大力引导风险投资行业的发展，鼓励风险投资积极参与公司的IPO定价、并购活动和定向增发行为，以达到优化资源配置的目标。

第二，本书的研究结论发现，风险投资的社会关系有助于提高风险投资在IPO定价过程中的认证效应和市场力量，从而吸引被投资企业在IPO过程中获得更多的机构投资者和分析师的关注。风险投资能够提高被投资企业的并购绩效，降低被投资企业对并购标的的支付溢价、提高企业在并购后的资源整合有效性，使被投资企业通过并购扩张来增加企业价值。风险投资在定向增发过程中可以缓解大股东和小股东之间的利益冲突，同时降低公司和机构投资者之间的信息不对称。这些结论表明，对于创业型企业来说，可以选择引入风险投资机构作为其长期的战略合作伙伴，以更好地发挥风险投资的融资功能、认证效应、监督功能和市场力量等，帮助企业更好地发展壮大。

第三，对于风险投资机构来说，广泛的社会关系网络意味着雄厚的社会资本。因此，风险投资机构可以与一家券商保荐机构保持长期伙伴关系，从而更好地发挥自身的认证作用和市场力量，使被投企业在新股发行定价时准确定价、提高定价效率，同时在二级市场上获得较好的关注和市场价格。伴随着风险投资声誉的提高和风险投资参与度的提升，企业的并购绩效也有所提升。因此，风险投资在进行投资时，可以考虑选择联合风险投资的方式，以充分利用联合风险投资的集思广益、资源互补等优势。对于新成立的风险投资机构而言，应当踏实努力，积极积累投资经验，汲取失败教训，循序渐进地累积自身的声誉，以便利用其声誉优势来更好地推进资本市场的发展。

第四，对于投资者而言，由于风险投资能够提高新股在二级市场的市场反应率，提高并购企业在并购宣告日前后的超额回报，缓解定向增发过程中的利益输送对企业价值的侵蚀，因此，投资者在投资创业板股票时，应当选择那些有风险投资支持的企业作为投资对象。

6.3　局限性

在研究风险投资与券商联盟对企业 IPO 定价效率的影响时，本书存在以下 2 点不足：（1）由于存在锁定期的制度安排，作为原始股东的风险投资和公司创始人股东只有等限售股实际解禁时才可以出售而获得真实利润。内部股锁定假说（Aggarwal 等，2002）认为原始股东通过在上市时的 IPO 抑价以吸引投资者的关注，在市场中形成产生良好的预期，是为日后解禁出售股票时的市值最大化而作出暂时让步的策略性行为。因此，本书发现的风险投资与券商联盟公司的相比其他类公司最高的新股折价率，是否与限售股解禁动机有关？这需要做进一步研究。（2）我国的新股发行定价改革仍在进程之中[①]。那么定价方式改革和券商自主配售机制的引入，会对“风险投资 + 券商合作”模式下的新股

① 2013 年 11 月 30 日证监会发布《关于进一步推进新股发行体制改革的意见》，从 2014 年以来包括创业板在内的新股发行方式和发行价格均由发行人与保荐机构自行协商确定，并在公告中披露，同时引入主承销商自主配售机制。

定价效率产生何种影响？甚至是否会影响到风险投资与券商保荐机构之间的合作关系？这些将是下一步的研究方向。

在研究风险投资对企业并购绩效的影响时，本书存在以下3点不足：(1) 本书的研究无法区分并购成本的降低以及并购后内部控制有效性的提高，究竟是源于风险投资“自然拥有”的认证功能还是“主动发挥”的监督功能。(2) 风险投资可能存在其他影响并购绩效的作用机制，比如风险投资具备广泛的社会关系（蔡宁和何星，2015），风险投资与券商、银行、机构投资者和同业等之间所拥有的关系网络，是否可能会影响企业的并购绩效。(3) 风险投资对企业并购的其他特征：如并购概率、支付手段、完成时间等可能会产生影响，本书未能涉及。

在研究风险投资对企业定向增发定价效率的影响时，本书存在以下2点不足：(1) 本书所选取的样本为创业板上市企业发起的定向增发事件，作为企业原始股东，仅有2例定向增发事件为面向风险投资的定向增发，因此，本书未考虑当风险投资参与企业的定向增发时，会对企业的定向增发折价产生何种影响。此外，本书也未讨论若非原始股东的风险投资作为定向增发对象，又将对定向增发带来何种影响。(2) 由于样本限制，本书尚未分析风险投资将会对大股东的认购支付方式产生何种影响。

6.4 未来研究方向

本书主要研究了风险投资对我国创业板上市企业IPO定价效率、并购绩效和定向增发定价效率的影响。由于笔者的学识有限，对这一领域的研究尚有些问题未能解决，进一步深入展开的研究方向主要包括以下六点。

第一，风险投资与券商、银行、机构投资者等之间拥有长期的稳定关系（Hochberg 等，2007），这种风险投资的社会资本能否提高风险投资支持的企业在并购中的融资能力、支付对价、整合能力等，进而推动并购的顺利实施和提高并购绩效。

第二，风险投资与被投企业创始人股东和管理层的关系，历来是风险投资领域的经典问题（Bengtsson 和 Hsu，2010；Puri 和 Zarutskie，2012）。在上市企业中，创始人股东与风险投资股东之间的关系以及企业控制权的分布，是否会增加企业的并购概率并影响并购的绩效。风险投资的认证功能是否会影响到并购支付方式即采用更多的现金还是更多的股票支付。风险投资支持企业并购的完成时间是否更短（因拥有风险投资的专业化认证咨询等服务）。内部控制有效性与并购后企业整合效率的关系，具体体现在哪些方面。

第三，由于风险投资最终要退出被投企业，那么风险投资在协助企业进行并购活动过程中，如何适应其退出战略呢?

第四，2019 年 2 月中国证监会修改了定向增发的基准日条款，并加强对上市公司再融资的规范管理。在新政之后，定向增发的折价是否会整体缩小。风险投资支持企业的定向增发又会呈现何种特征?

第五，风险投资在定向增发过程中可能会扮演着不同的角色。本书中风险投资（实为风险投资支持企业）站在资金需求一方，由于样本仅有 2 家面向企业原始风险投资股东定向增发的样本，未能研究。那么未来可能有更多的原始风险投资股东作为定向增发认购者角色时，当风险投资站在资金供给一方，增发折价会有何变化?

第六，风险投资股东最终要退出被投企业，那么当所支持的企业进行了定增之后，风险投资最后是如何实现退出的，其获利如何?

附　录

附录 1　滚动匹配法下倾向得分的匹配结果

为了得到股票的内在价值及相关指标，首先使用每股内在价值的计算模型对目标样本进行近邻匹配，最终匹配结果如附表 1 所示。

附表 1　　滚动匹配法下倾向得分匹配前后样本差异对照一览

指标	对照	创业板 IPO 公司	配对公司	差异 t 值
样本 N	PSM 匹配前	319	2113	
	PSM 匹配后	252	252	
Sale（百万）	PSM 匹配前	334.88	447.20	-112.32*** (4.46)
	PSM 匹配后	327.16	330.75	-3.59 (-0.27)
EBITDA（百万）	PSM 匹配前	81.89	86.45	4.56 (1.01)
	PSM 匹配后	76.42	75.35	1.07 (0.41)
PE	估值 PE 与目标公司 IPO 时 PE	52.00	40.72	11.28*** (-7.18)

注：括号内为 t 值检验结果，＊＊＊、＊＊和＊分别代表在 1%、5% 和 10% 的显著性水平下显著。

由附表 1 可以发现，在匹配之前，配对组和目标组的销售额和息税折旧摊销前利润存在较大差异，而在匹配之后两者均不存在显著差异。由此可见，使用近邻匹配原则匹配的结果成功缩小了匹配公司与样本公司之间的差异。与此同时，目标公司匹配之后的市盈率与匹配之前存在显著差异，这表明采用未经匹配的目标公司市盈率来衡量定价效率极可能是不准确的。

附录 2 使用中小板企业进行倾向得分的匹配结果

为了以示稳健，本书使用中小板企业作为配对样本组进行匹配。匹配原则是：对于 2009 年上市的创业板公司，我们使用上市时间在 2009 年之前的中小板企业作为配对样本，按照 Wind 数据库的一级行业划分标准分行业进行最近邻匹配；对于 2010 年上市的创业板公司，我们使用上市时间在 2010 年之前的中小板企业作为配对样本，依此类推。匹配结果如附表 1 所示。

附表 1 使用中小板进行配对的倾向得分匹配前后样本差异对照一览

指标	对照	创业板 IPO 公司	中小板配对公司	差异 t 值
样本 N	PSM 匹配前	355	1710	
	PSM 匹配后	284	284	
Sale（百万）	PSM 匹配前	325.14	1667.35	-1341.21*** (-6.158)
	PSM 匹配后	354.13	380.11	-25.98 (-1.13)
EBITDA（百万）	PSM 匹配前	79.16	139.12	-59.96*** (-5.078)
	PSM 匹配后	78.58	88.39	-9.81 (-1.51)
PE	估值 PE 与目标公司 IPO 时 PE	55.90	70.73	-14.83*** (-3.27)

注：括号内为 t 值检验结果，***、** 和 * 分别代表在 1%、5% 和 10% 的显著性水平下显著。

由附表 1 可以发现，在匹配之前，配对组和目标组的销售额和息税折旧摊销前利润存在较大差异，而在匹配之后两者均不存在显著差异。由此可见，使用近邻匹配原则匹配的结果成功缩小了匹配公司与样本公司之间的差异。与此同时，目标公司匹配之后的市盈率与匹配之前存在显著差异，这表明采用未经匹配的目标公司市盈率来衡量定价效率极可能是不准确的。

使用上述的匹配结果按照式（3.1）至式（3.4）计算得出企业在IPO时的一级市场折价率、二级市场折价率和传统首日IPO抑价率，结果如附表2所示。

附表2　　　使用中小板进行配对的传统抑价率分解结果

变量	VU_{yes}	VU_{no}	VC_{no}	All
	Mean	Mean	Mean	Mean
Underpricing	0.254	0.354	0.305	0.334
Intrinsic _ Up	0.535	0.583	0.649	0.589
MarketR	0.092	0.087	0.003	0.055

附录 3 定向增发折价率显著异于 0 的检验结果

附表 1 均值是否异于 0 的 *t* 检验结果

变量	均值	t 值
Discount	0. 204	16. 506***
*Discount*0	0. 191	16. 223***
*Discount*10	0. 180	15. 911***
*DiscountA*10	0. 185	16. 391***

注：＊＊＊、＊＊和＊分别代表在 1%、5% 和 10% 的显著性水平下显著。

附录 4　变量是否服从正态分布的检验结果

附表 1　　变量是否服从正态分布的检验结果

变量	均值	Adj chi2（2）
Discount	0.204	44.55***
Discount0	0.191	31.25***
Discount10	0.180	29.86***
DiscountA10	0.185	30.50***
Fraction	0.117	60.94***
Rsize	19.967	3.27
Block	31.650	9.39***
Volatility	0.038	65.57***
Liquidity	0.583	11.83***
Roe	0.065	10.33***
Leverage	0.287	14.16***
Growth	0.302	32.63***
BM	0.322	39.96***

注：***、**和*分别代表在 1%、5%和 10%的显著性水平下显著。

参考文献

［1］曹婷，冯照桢，李婉丽．风险资本、投资期界与新上市企业并购——基于中小板与创业板企业的实证研究［J］．财贸研究，2015（6）：122－131.

［2］曹政．论风险投资、创业板市场与高新技术产业发展的良性互动［D］．西安：西安电子科技大学，2003.

［3］曹廷求，张钰，刘舒．董事网络、信息不对称和并购财富效应［J］．经济管理，2013（8）：41－52.

［4］蔡宁．风险投资“逐名”动机与上市公司盈余管理［J］．会计研究，2015（5）：20－27.

［5］蔡宁，何星．社会网络能够促进风险投资的“增值”作用吗？——基于风险投资网络与上市公司投资效率的研究［J］．金融研究，2015（12）：178－193.

［6］蔡卫星，胡志颖，何枫．政治关系、风险投资与 IPO 机会——基于创业板申请上市公司的经验分析［J］．财经研究，2013（5）：51－61.

［7］陈工孟，俞欣，寇祥河．风险投资参与对中资企业首次公开

发行折价的影响——不同证券市场的比较［J］. 经济研究，2011（5）：74－85.

［8］陈恩良. 在不断创新中发展的国际银团贷款市场［J］. 国际金融研究，2003（7）：46－50.

［9］陈洪天，沈维涛. 风险投资是新三板市场“积极的投资者”吗［J］. 财贸经济，2018（6）：75－89.

［10］陈运森. 独立董事网络中心度与公司信息披露质量［J］. 审计研究，2012（5）：92－100.

［11］陈仕华，姜广省，卢昌崇. 董事联结、目标公司选择与并购绩效——基于并购双方之间信息不对称的研究视角［J］. 管理世界，2013（12）：117－132.

［12］陈耿，杜烽. 控股大股东与定向增发价格：隧道效应、利益协同效应及其相互影响［J］. 南方经济，2012，30（6）：32－43.

［13］陈敏灵，薛静，韩谨. 创业项目复杂性，声誉与风险投资联盟规模的实证研究［J］. 华东经济管理，2014，28（9）：99－105.

［14］陈见丽. 风投介入、风投声誉与创业板公司的成长性［J］. 财贸经济，2012（6）：57－64.

［15］陈伟，杨大楷. 风险投资的异质性对 IPO 的影响研究——基于中小企业板的实证分析［J］. 山西财经大学学报，2013（3）：33－43.

［16］丛菲菲，李曜，谷文臣. 国有创投资本对民营资本的引导效应研究［J］. 财贸经济，2019（10）：95－110.

［17］董建卫，党兴华，梁丽莎. 主风险投资机构声誉与联合投资辛迪加规模研究［J］. 科技进步与对策，2013，29（24）：9－15.

［18］丁焕明，等. 科尔尼并购策略［M］. 北京：机械工业出版

社，2004.

［19］杜勇．定向增发、大股东利益补偿与公司绩效［J］．北京工商大学学报（社会科学版），2017（4）：78－86.

［20］范从来，袁静．成长性、成熟性和衰退性产业上市公司并购绩效的实证分析［J］．中国工业经济，2002（8）：65－72.

［21］付雷鸣，万迪昉，张雅慧．VC是更积极的投资者吗？——来自创业板上市公司创新投入的证据［J］．金融研究，2012（10）：125－138.

［22］傅超，杨曾，傅代国．“同伴效应”影响了企业的并购商誉吗？——基于我国创业板高溢价并购的经验证据［J］．中国软科学，2015（11）：94－108.

［23］付辉．“好风投”更能降低企业IPO抑价率吗？——基于“投、管、退”三部曲的视角［J］．上海财经大学学报，2018（2）：73－88.

［24］付辉，周方召．创业企业IPO靠自己还是靠“风投”？——基于双边选择效应视角的经验证据［J］．财经研究，2017（5）：132－146.

［25］苟燕楠，董静．风险投资背景对企业技术创新的影响研究［J］．科研管理，2014，35（2）：35－42.

［26］关立，刘入领．美国风险投资的发展历程及其经验教训［J］．世界经济与政治，1998（2）：50－53.

［27］高新才，魏琦．论我国风险投资的发展及存在的问题与对策［J］．中山大学学报（社会科学版），2002，42（1）：96－102.

［28］耿建新，吕跃金，邹小平．我国上市公司定向增发的长期业绩实证研究［J］．审计与经济研究，2011，26（6）：52－58.

[29] 顾春一，李远勤．风险投资声誉国际前沿研究述评 [J]．财会通讯，2015 (31)：60 – 62.

[30] 韩永辉，冯晓莹，邹建华．中国风险投资与企业 IPO 是双赢的吗？——来自创业板上市公司的经验证据 [J]．金融经济学研究，2013 (6)：3 – 13.

[31] 何丽梅．我国上市公司定向增发折价研究——基于较完整市场周期的分析 [J]．经济管理，2010 (2)：144 – 151.

[32] 黄福广，彭涛，田利辉．风险资本对创业企业投资行为的影响 [J]．金融研究，2013 (8)：180 – 192.

[33] 黄福广，李西文，张开军．风险资本持股对中小板上市公司 IPO 盈余管理的影响 [J]．管理评论，2012，24 (8)：29 – 39.

[34] 黄寿昌，杨雄胜．内部控制报告、财务报告质量与信息不对称——来自沪市上市公司的经验证据 [J]．财经研究，2010，36 (7)：81 – 91.

[35] 黄叶苨，赵远榕，刘莉亚．定价基准日选择、市场择时与定向增发中的大股东利益输送 [J]．经济管理，2017 (8)：179 – 195.

[36] 寇祥河，潘岚，丁春乐．风险投资在中小企业 IPO 中的功效研究 [J]．证券市场导报，2009 (5)：19 – 25.

[37] 刘启亮，罗乐，何威风，陈汉文．产权性质、制度环境与内部控制 [J]．会计研究，2012 (3)：52 – 61.

[38] 刘晓明，胡文伟，李湛．风险投资声誉、IPO 折价和长期业绩：一个研究综述 [J]．管理评论，2010，22 (11)：9 – 20.

[39] 刘煜辉，熊鹏．股权分置、政府管制和中国 IPO 抑价 [J]．经济研究，2005 (5)：85 – 95.

[40] 刘奎甫，茅宁．风险投资会提高新创公司的董事会社会资本

吗？[J]. 商业经济与管理，2016（10）：45－56.

[41] 罗吉，党兴华，王育晓. 主风险投资机构声誉与联合投资形成的关系——来自中国风险资本市场的证据 [J]. 科技进步与对策，2014，31（24）：18－24.

[42] 梁上坤，金叶子，王宁，等. 企业社会资本的断裂与重构——基于雷士照明控制权争夺案例的研究 [J]. 中国工业经济，2015（4）：149－160.

[43] 李彬，杨洋，潘爱玲. 定增折价率与并购溢价率——定增并购中利益输送的证据显著性研究 [J]. 证券市场导报，2015（8）：15－22.

[44] 李善民，陈文婷. 企业并购决策中管理者过度自信的实证研究 [J]. 中山大学学报（社会科学版），2010，50（5）：192－201.

[45] 李善民，杨继彬，钟君煜. 风险投资具有咨询功能吗？——异地风投在异地并购中的功能研究 [J]. 管理世界，2019（12）：160－180.

[46] 李善民，周小春. 公司特征、行业特征和并购战略类型的实证研究 [J]. 管理世界，2007（3）：130－137.

[47] 李占强. 突破性创新战略管理研究——基于风险投资的视角 [J]. 当代财经，2012（9）：61－71.

[48] 李俊. 创业板：曲折中再现曙光 [J]. 资本市场，2009（3）：56－59.

[49] 逯东，万丽梅，杨丹. 创业板公司上市后为何业绩变脸？[J]. 经济研究，2015（2）：132－144.

[50] 李曜，张子炜. 私募股权、天使资本对创业板市场 IPO 抑价的不同影响 [J]. 财经研究，2011（8）：113－124.

［51］李曜，王秀军．我国创业板市场上风险投资的认证效应与市场力量［J］．财经研究，2015（2）：4－14.

［52］李曜，宋贺．风险投资与券商联盟对创业板上市公司 IPO 首发折价率的影响研究［J］．财经研究，2016（7）：40－51.

［53］李曜，宋贺．风险投资支持的上市公司并购绩效及其影响机制研究［J］．会计研究，2017（6）：60－66.

［54］李刚．我国上市公司定向增发的定价特征：理论分析与实证检验［J］．南方金融，2014（8）：76－81.

［55］李善民，赵晶晶，刘英．行业机会、政治关联与多元化并购［J］．中大管理研究，2009（4）：1－17.

［56］李增泉，余谦，王晓坤．掏空、支持与并购重组——来自我国上市公司的经验证据［J］．经济研究，2005（1）：95－105.

［57］李增福，黄华林，连玉君．股票定向增发、盈余管理与公司的业绩滑坡——基于应计项目操控与真实活动操控方式下的研究［J］．数理统计与管理，2012（5）：185－194.

［58］马文杰，曹啸，殷峥．定向增发折价的期权特征及其信息内涵［J］．经济学（季刊），2018（2）：693－728.

［59］潘爱玲，刘文楷，王雪．管理者过度自信、债务容量与并购溢价［J］．南开管理评论，2018，21（3）：37－47.

［60］潘红波，余明桂．目标公司会计信息质量、产权性质与并购绩效［J］．金融研究，2014（7）：140－153.

［61］潘红波，余明桂．支持之手、掠夺之手与异地并购［J］．经济研究，2011（9）：108－120.

［62］潘红波，夏新平，余明桂．政府干预、政治关联与地方国有企业并购［J］．经济研究，2008（4）：41－52.

［63］皮海洲．反思创业板“三高”发行现象［J］．武汉金融，2011（11）：69－70.

［64］彭韶兵，王玉，郑伟宏．政府补贴是否间接助推了定增“盛宴”？［J］．财经研究，2018（1）：87－99.

［65］彭韶兵，赵根．定向增发：低价发行的偏好分析［J］．财贸经济，2009（4）：52－58.

［66］钱萍，张帏．我国创业投资的回报率及其影响因素［J］．经济研究，2007（5）：78－90.

［67］孙淑伟，肖土盛，付宇翔，陈信元，等．IPO 配售中的利益联盟——基于基金公司与保荐机构的证据［J］．财经研究，2015（5）：90－101.

［68］宋芳秀，李晨晨．风险投资对创业板上市公司 IPO 前后绩效变动的影响［J］．财经科学，2014（5）：44－54.

［69］宋淑琴，代淑江．管理者过度自信、并购类型与并购绩效［J］．宏观经济研究，2014（5）：139－149.

［70］石晓，谢建辉，李勇军，等．非合作博弈两阶段生产系统 DEA 并购绩效评价［J］．中国管理科学，2015，23（7）：60－67.

［71］唐运舒，谈毅．风险投资，IPO 时机与经营绩效——来自香港创业板的经验证据［J］．系统工程理论与实践，2008（7）：17－26.

［72］唐建新，陈冬．地区投资者保护、企业性质与异地并购的协同效应［J］．管理世界，2010（8）：102－116.

［73］王俊飚，刘明，王志诚．机构投资者持股对新股增发折价影响的实证研究［J］．管理世界，2012（10）：172－173.

［74］王玉冬，王婧．高新技术企业引入风险投资绩效的管理熵评价［J］．哈尔滨师范大学社会科学学报，2012（6）：52－56.

[75] 王艳．“诚信创新价值观”文化差异度与并购绩效——基于2008—2010年沪深上市公司股权并购事件的经验数据［J］．会计研究，2014（9）：74－80.

[76] 王艳，阚铄．企业文化与并购绩效［J］．管理世界，2014（11）：146－157.

[77] 王浩，刘碧波．定向增发：大股东支持还是利益输送［J］．中国工业经济，2011（10）：119－129.

[78] 王雷．联合风险投资合作伙伴的选择［J］．统计与决策，2011（7）：183－186.

[79] 汪炜，于博，宁宜希．监督认证，还是市场力量？——风险投资对创业板公司IPO折价影响的实证研究［J］．管理工程学报，2013（4）：33－40.

[80] 魏明海，柳建华，刘峰．中国上市公司投资者保护研究报告［M］．北京：经济科学出版社，2010.

[81] 温军，冯福根．风险投资与企业创新：“增值”与“攫取”的权衡视角［J］．经济研究，2018（2）：185－199.

[82] 吴井峰．信息不对称与定向增发价格折扣率——机构投资者与分析师的影响［J］．证券市场导报，2015（4）：50－54.

[83] 吴超鹏，吴世农，程静雅，王璐．风险投资对上市公司投融资行为影响的实证研究［J］．经济研究，2012（1）：105－119.

[84] 武龙．风险投资、认证效应与中小企业银行贷款［J］．经济管理，2019（2）：172－190.

[85] 伍燕然，韩立岩．不完全理性、投资者情绪与封闭式基金之谜［J］．经济研究，2007（3）：117－129.

[86] 徐寿福，徐龙炳．大股东机会主义与定向增发折价——兼析

制度变迁的影响［J］. 上海财经大学学报，2011（4）：82－89.

［87］徐寿福. 大股东认购与定向增发折价——来自中国市场的证据［J］. 经济管理，2009（9）：129－135.

［88］徐薇. 风投持股对投行承销费用影响的实证研究［J］. 时代经贸，2008，6（7）：11－15.

［89］徐欣，夏芸. 风险投资特征、风险投资 IPO 退出与企业绩效——基于中国创业板上市公司的实证研究［J］. 经济管理，2015（5）：97－107.

［90］许昊，万迪昉，徐晋. 风险投资改善了新创企业 IPO 绩效吗？［J］. 科研管理，2016，37（1）：101－109.

［91］杨道广，张传财，陈汉文. 内部控制、并购整合能力与并购业绩——来自我国上市公司的经验证据［J］. 审计研究，2014（3）：43－50.

［92］杨其静，程商政，朱玉. VC 真在努力甄选和培育优质创业型企业吗？——基于深圳创业板上市公司的研究［J］. 金融研究，2015（4）：192－206.

［93］杨星，田高良，司毅，等. 所有权性质、企业政治关联与定向增发——基于我国上市公司的实证分析［J］. 南开管理评论，2016，19（1）：134－141.

［94］余明桂，夏新平，邹振松. 管理者过度自信与企业激进负债行为［J］. 管理世界，2006（8）：110－118.

［95］余楠，费一文. 私募股权投资目标公司首次上市发行抑价分析［J］. 南方经济，2013（3）：37－47.

［96］余琰，罗炜，李怡宗，朱琪. 国有风险投资的投资行为和投资成效［J］. 经济研究，2014（2）：32－46.

[97] 曾庆生，陈信元，洪亮．风险投资入股、首次过会概率与IPO耗时——来自我国中小板和创业板的经验证据 [J]．管理科学学报，2016 (9)：18 –33.

[98] 赵静梅，傅立立，申宇．风险投资与企业生产效率：助力还是阻力？[J]．金融研究，2015 (11)：159 –174.

[99] 赵渊贤，吴伟荣．企业外部规制影响内部控制有效性研究——来自中国上市公司的经验证据 [J]．中国软科学，2014 (4)：126 –137.

[100] 赵玉芳，余志勇，夏新平，等．定向增发、现金分红与利益输送——来自我国上市公司的经验证据 [J]．金融研究，2011 (11)：153 –166.

[101] 赵息，张西栓．内部控制、高管权力与并购绩效——来自中国证券市场的经验证据 [J]．南开管理评论，2013，16 (2)：75 –81.

[102] 张学勇，廖理．风险投资背景与公司IPO：市场表现与内在机理 [J]．经济研究，2011 (6)：118 –132.

[103] 张学勇，廖理，罗远航．券商背景风险投姿与公司IPO抑价——基于信息不对称的视角 [J]．中国工业经济，2014 (11)：90 –101.

[104] 张学勇，张叶青．风险投资、创新能力与公司IPO的市场表现 [J]．经济研究，2016 (10)：112 –125.

[105] 张剑．风险投资是认证信息、追逐名声还是获取短期利益？——基于倾向值配比的实证分析 [J]．金融评论，2013，5 (3)：84 –99.

[106] 张鸣，郭思永．大股东控制下的定向增发和财富转移——来自中国上市公司的经验证据 [J]．会计研究，2009 (5)：80 –88.

[107] 张佳，韩立岩．股权结构、私人收益与并购决策——基于

二类代理理论的并购模型［J］. 公司治理评论，2011（1）.

［108］张新. 并购重组是否创造价值？——中国证券市场的理论与实证研究［J］. 经济研究，2003（6）：20－29.

［109］张凌宇. 创业投资机构对其支持企业 IPO 抑价度的影响［J］. 产业经济研究，2006（6）：36－41.

［110］张丰. 创业投资对中小企业板 IPO 影响的实证研究［J］. 经济与管理研究，2009（5）：10－19.

［111］章卫东，李德忠. 定向增发新股折扣率的影响因素及其与公司短期股价关系的实证研究——来自中国上市公司的经验证据［J］. 会计研究，2008（9）：73－80.

［112］章卫东. 定向增发新股与盈余管理——来自中国证券市场的经验证据［J］. 管理世界，2010（1）：54－63.

［113］章卫东，邹斌，廖义刚. 定向增发股份解锁后机构投资者减持行为与盈余管理——来自我国上市公司定向增发新股解锁的经验数据［J］. 会计研究，2011（12）：65－71.

［114］周杰，薛有志. 治理主体干预对公司多元化战略的影响路径——基于管理者过度自信的间接效应检验［J］. 南开管理评论，2011，14（1）：65－74.

［115］朱红军，何贤杰，陈信元. 定向增发“盛宴”背后的利益输送：现象、理论根源与制度成因——基于驰宏锌锗的案例研究［J］. 管理世界，2008（6）：136－147.

［116］朱红军，陈世敏，张成. 市场情绪、会计信息质量与 IPO 首日回报［J］. 财经研究，2013（9）：70－81.

［117］支晓强，邓路. 投资者异质信念影响定向增发折扣率吗？［J］. 财贸经济，2014（2）：56－65.

[118] Aggarwal, R., N. R. Prabhala and M. Puri. Institutional Allocation in Initial Public Offerings: Empirical Evidence [J]. Journal of Finance, 2002, 57 (3): 1421 - 1442.

[119] Amor, S. B. and M. Kooli. Do M&A Exits Have the Same Effect on Venture Capital Reputation than IPO Exits? [J]. Journal of Banking & Finance, 2020, 111 (2).

[120] Anand, J. and H. Singh. Asset Redeployment, Acquisitions, and Corporate Strategy Declining Industries [J]. Strategic Management Journal, 1997, 18 (1): 99 - 118.

[121] Arikan, A. M. and L. Capron. Do Newly Public Acquirers Benefit or Suffer from Their Pre - IPO Affiliations with Underwriters and VCs? [J]. Strategic Management Journal, 2010, 31 (12): 1257 - 1289.

[122] Baek, J. S., J. K. Kang, and I. Lee. Business Groups and Tunneling: Evidence from Private Securities Offerings by Korean Chaebols [J]. The Journal of Finance, 2006, 61 (5): 2415 - 2449.

[123] Barry, C. B. and C. J. Muscarella, J. I. Peavy and M. R. Vetsuypens. The Role of Venture Capital in the Creation of Public Companies: Evidence from the Going - public Process [J]. Journal of Financial economics, 1990, 27 (2): 447 - 471.

[124] Barclay, M. J., C. G. Holderness, D. P. Sheehan. Private Placements and Managerial Entrenchment [J]. SSRN Electronic Journal, 2007, 13 (4): 461 - 484.

[125] Baker, M. and P. A. Gompers. The Determinants of Board Structure at the Initial Public Offering [J]. Journal of Law and Economics, 2003, 46 (2): 569 - 598.

[126] Bengtsson, O. and D. H. Hsu. How Do Venture Capital Partners Match with Startup Founders? [J]. SSRN Electronic Journal, 2010.

[127] Bernstein, S., X. Giroud and R. R. Townsend The Impact of Venture Capital Monitoring [J]. Journal of Finance, 2016, 71 (4): 1591 - 1622.

[128] Bottazzi, L., M. R. Da and T. F. Hellmann. The Importance of Trust for Investment: Evidence from Venture Capital [J]. National Bureau of Economic Research, 2011.

[129] Brown, R. and N. Sarma. CEO Overconfidence, CEO Dominance and Corporate Acquisitions [J]. Journal of Economics and Business, 2007, 59 (5): 358 - 379.

[130] Brown, S. J. and J. B. Warner. Using Daily Stock Returns: The Case of Event Studies [J]. Journal of Financial Economics, 1985, 14 (1): 3 - 31.

[131] Cable, S. Top ten to - do' s for CEOs of the Next New Thing [J]. IPO Journal, 2001, 4 (11): 11 - 13.

[132] Cao, J., Q. G. Liu and G. G. Tian. Do Venture Capitalists Play a Monitoring Role in an Emerging Market? Evidence from the Pay - performance Relationship of Chinese Entrepreneurial Firms [J]. Pacific - Basin Finance Journal, 2014, 29 (9): 121 - 145.

[133] Chahine, S., I. Filatotchev and M. Wright. Venture Capitalists, Business Angels, and Performance of Entrepreneurial IPOs in the UK and France [J]. Journal of Business Finance & Accounting, 2007, 34 (3): 505 - 528.

[134] Chemmanur, T. and E. Loutskina. The Role of Venture Capital Backing in Initial Public Offerings: Certification, Screening, or Market Power? [R]. EFA 2005 Moscow Meetings Paper, 2006.

[135] Chen, A. S., L. Y. Cheng, K. F. Cheng and S. W. Chih. Earnings Management, Market Discounts and the Performance of Private Equity Placements [J]. Journal of Banking & Finance, 2010, 34 (8): 1922 - 1932.

[136] Chen, H. C. and J. R. Ritter. The Seven Percent Solution [J]. The Journal of Finance, 2000, 55 (3): 1105 - 1131.

[137] Chen, L. H., E. A. Dyl, G. J. Jiang and J. A. Juneja. Risk, Illiquidity or Marketability: What Matters for the Discounts on Private Equity Placements? [J]. Journal of Banking & Finance, 2015, 57 (4): 41 - 50.

[138] Chikh, S. and J. Y. Filbien. Acquisitions and CEO Power: Evidence from French Networks [J]. Journal of Corporate Finance, 2011, 17 (5): 1221 - 1236.

[139] Dai, N., H. Jo and S. Kassicieh. Cross - border Venture Capital Investments in Asia: Selection and Exit Performance [J]. Journal of Business Venturing, 2012, 27 (6): 666 - 684.

[140] Derrien, F., A. Kecskés and D. Thesmar. Investor Horizons and Corporate Polices [J]. Journal of Financial and Quantitative Analysis, 2013, 48 (6): 1755 - 1780.

[141] Dessi, R., and N. Yin. Venture Capital, Patents and Innovation [R]. Working Paper, 2011.

[142] Doukas, J. A. and D. Petmezas. Acquisitions, Overconfident Managers and Self - attribution Bias [J]. European Financial Management,

2010, 13 (3): 531 - 577.

[143] Dow, S. and J. McGuire. The Role of Investment Bank Relationships in Equity Private Placements [J]. Journal of Financial Research, 2012, 35 (2): 183 - 210.

[144] Doyle, J. T. and S. Mcvay. Accruals Quality and Internal Control over Financial Reporting [J]. Accounting Review, 2011, 82 (5): 1141 - 1170.

[145] Donaldson, G. Managing Corporate Wealth [M]. New York: Praeger, 1984.

[146] Dutta, S. and T. B. Folta. A Comparison of the Effect of Angels and Venture Capitalists on Innovation and Value Creation [J]. Journal of Business Venturing, 2016, 31 (1): 39 - 54.

[147] Erhemjamts, O. and K. Raman. The Role of Investment Bank Reputation and Relationships in Equity Private Placements [J]. Journal of Financial Research, 2012, 35 (2): 183 - 210.

[148] Faria, A. P. and N. Barbosa. Does Venture Capital Really Foster Innovation [J]. Economics Letters, 2014, 122 (2): 129 - 131.

[149] Finnerty, J. D. The Impact of Stock Transfer Restrictions on the Private Placement Discount [J]. Financial Management, 2013, 42 (3): 575 - 609.

[150] Francis, B. B., I. Hasan and X. Sun. Political Connections and the Process of Going Public: Evidence from China [J]. Journal of International Money and Finance, 2009, 28 (4): 696 - 719.

[151] Fracassi, C. and G. Tate. External Networking and Internal Firm Governance [J]. The Journal of Finance, 2012, 67 (1): 153 - 194.

[152] Friedman, E., and S. Johnson. Propping and Tunneling [J]. Journal of Comparative Economics, 2003, 31 (4): 732 - 750.

[153] Fu, H., J. Yang and Y. B. An. Made for Each Other: Perfect Matching in Venture Capital Markets [J]. Journal of Banking & Finance, 2019, 100 (3): 346 - 358.

[154] Fuller, K., J. Netter and M. Stegemoller. What do Returns to Acquiring Firms Tell Us? Evidence from Firms that Make Many Acquisitions [J]. The Journal of Finance, 2002, 57 (4): 1763 - 1793.

[155] Gervais, S., J. B. Heaton and T. Odean. Overconfidence, Compensation Contracts, and Capital Budgeting [J]. The Journal of Finance, 2011, 66 (5): 1735 - 1777.

[156] Gompers, P. A. Grandstanding in the Venture Capital Industry [J]. Journal of Financial Economics, 1996, 42 (1): 133 - 156.

[157] Gompers, P., A. Kovner, and J. Lerner. Specialization and Success: Evidence from Venture Capital [J]. Journal of Economics & Management Strategy, 2009, 18 (3): 817 - 844.

[158] Giovanni, D. J. What Drives Capital Flows? The Case of Cross - border M&A Activity and Financial Deepening [J]. Journal of International Economics, 2005, 65 (1): 127 - 149.

[159] Glegg, C., O. Harris, J. Madura and T. Ngo. The Impact of Mispricing and Asymmetric Information on the Price Discount of Private Placements of Common Stock [J]. Financial Review, 2012, 47 (4): 665 - 696.

[160] Habib, M. A. and A. P. Ljungqvist. Underpricing and Entrepreneurial Wealth Losses in IPOs: Theory and Evidence [J]. Review

of Financial Studies, 2001, 14 (2): 433 -458.

[161] Hartzell, J. C., E. Ofek and D. Yermack. What S in it for Me? Ceos Whose Firms are Acquired [J]. Social Science Electronic Publishing, 2001, 17 (1): 37 -61.

[162] Hayward, L. A. M. and C. D. Hambrick. Explaining the Premiums Paid for Large Acquisitions: Evidence of CEO Hubris [J]. Administrative Science Quarterly, 1997, 42 (1): 103 -127.

[163] Hertzel, M. and R. L. Smith. Market Discounts and Shareholder Gains for Placing Equity Privately [J]. Journal of Finance, 1993, 48 (2): 459 -485.

[164] Hellmann, T. and M. Puri. Venture Capital and the Professionalization of Start - up Firms: Empirical Evidence [J]. The Journal of Finance, 2002, 57 (1): 169 -197.

[165] Hochberg, Y., V. Venture Capital and Corporate Governance in the Newly Public Firm [R]. Working Paper, Northwestern University, 2008.

[166] Hochberg, Y. V., A. Ljungqvist, and Y. Lu. Whom You Know Matters: Venture Capital Networks and Investment Performance [J]. Journal of Finance, 2007 (62): 251 -301.

[167] Hovenkamp, H. The Political Economy of Substantive Due Process [J]. Stanford Law Review, 1988, 40 (2): 379 -447.

[168] Huang, R., K. J. K. Tan and R. W. Faff. CEO Overconfidence and Corporate Debt Maturity [J]. Journal of Corporate Finance, 2016, 36 (2): 93 -110.

[169] Huang, Y., K. Uchida and D. L. Zha. Market Timing of

Seasoned Equity Offerings with Long Regulative Process [J]. Journal of Corporate Finance, 2016, 39 (5): 278 - 294.

[170] Jain, B. A. and O. Kini. The Post - issue Operating Performance of IPO Firms [J]. The Journal of finance, 1994, 49 (5): 1699 - 1726.

[171] Jain, B. A. and O. Kini. Venture Capitalist Participation and the Post - issue Operating Performance of IPO Firms [J]. Managerial and Decision Economics, 1995, 16 (6): 593 - 606.

[172] Jensen, M. C. Agency Costs of Free Cash Flow, Corporate Finance, and Takeovers [R]. American Economic Review, 1986, 76 (2): 323 - 29.

[173] Jensen, M. C. and R. S. Ruback. The Market for Corporate Control: The Scientific Evidence [J]. Journal of Financial Economics, 1983, 11 (11): 5 - 50.

[174] Jia, N., J. Shi and Y. Wang. Coinsurance within Business Groups: Evidence from Related Party Transactions in an Emerging Market [J]. Management Science, 2013, 59 (10): 2295 - 2313.

[175] Jiang, G., C. M. C. Lee and H. Yue. Tunneling through Intercorporate Loans: The China Experience [J]. Journal of Financial Economics, 2010, 98 (1): 1 - 20.

[176] Knockaert, M. and T. Vanacker. The Association between Venture Capitalists' Selection and Value Adding Behavior: Evidence from Early Stage High Tech Venture Capitalists [J]. Small Business Economics, 2013, 40 (3): 493 - 509.

[177] Kortum, S. S. and J. Lerner. Assessing the Impact of Venture

Capital on Innovation [J]. Social Science Electronic Publishing, 2000, 17 (6): 77 -83.

[178] Krishnamurthy, S. , P. Spindt, V. Subramaniam and T. Woidtke. Does Investor Identity Matter in Equity Issues? Evidence from Private Placements [J]. Journal of Financial Intermediation, 2005, 14 (2): 210 -238.

[179] Lee, P. M. and S. Wahal S. Grandstanding, Certification and the Underpricing of Venture Backed IPOs [J]. Research Document, 2004, 73 (2): 375 -407.

[180] Lee, G. and R. W. Masulis. Do More Reputable Financial Institutions Reduce Earnings Management by IPO Issuers [J]. Journal of Corporate Finance, 2011, 17 (4): 982 -1000.

[181] Lerner, J. The Syndication of Venture Capital Investments [J]. Financial Management, 1995, 23 (3): 16 -27.

[182] Li, W. , T. Cao and Z. Feng. Heterogeneous, Venture Capital, M&A Activity, and Market Response [J]. Emerging Markets Review, 2016, 29 (12): 168 -199.

[183] Lin, W. , S. Chang, S. Chen and T. Liao. The Over - optimism of Financial Analysts and the Long - run Performance of Firms Following Private Placements of Equity [J]. Finance Research Letters, 2013, 10 (2): 82 -92.

[184] Ljungqvist, A. P. IPO Underpricing, Wealth Losses and the Curious Role of Venture Capitalists in the Creation of Public Companies [R]. Unpublished Working Paper, Oxford University, 1999.

[185] Loughran, T. , and J. Ritter. The Operating Performance of

Firms Conducting Seasoned Equity Offerings [J]. Journal of Finance, 1997, 52 (5): 1823 - 1850

[186] Maksimovic, V. and G. Phillips. The Industry Life Cycle and Acquisitions and Investment: Does Firm Organization Matter? [J]. Journal of Finance, 2008, 63 (2): 673 - 708.

[187] Masulis, R. W. and N. Rajarishi. Venture Capital Conflicts of Interest: Evidence from Acquisitions of Venture - backed Firms [J]. Journal of Financial and Quantitative Analysis, 2011, 46 (2): 395 - 430.

[188] Malmendier, U. and G. Tate. Who Makes Acquisitions? CEO Overconfidence and the Market's Reaction [J]. Journal of Financial Economics, 2008, 89 (1): 20 - 43.

[189] March, J. G. and Z. Shapira Z. Mangerial Perspectives On Risk And Risk Taking [J]. Management Science, 1987, 33 (11): 1404 - 1418.

[190] Megginson, W. L. and K. A. Weiss. Venture Capitalist Certification in Initial Public Offerings [J]. Journal of Finance, 1991, 46 (3): 879 - 903.

[191] Megginson, W. L., A. Morgan and L. Nail. The Determinants of Positive Long - term Performance in Strategic Mergers: Corporate Focus and Cash [J]. Journal of Banking and Finance, 2004, 28 (3): 523 - 552.

[192] Melia, A., H. Chan, P. Docherty and S. Easton. Explanations of Cycles in Seasoned Equity Offerings: An Examination of the Choice between Rights Issues and Private Placements [J]. Pacific - Basin Finance Journal, 2018, 50 (2): 16 - 25.

[193] Meuleman, M., M. Wright, S. Manigart and A.

Lockett. Private Equity Syndication: Agency Costs, Reputation and Collaboration [J]. Journal of Business Finance and Accounting, 2009, 36 (5): 616 -644.

[194] Mikekelson, W. L. and K. A. Weiss. Venture Capitalist Certification in IPO [J]. Journal of Finance, 1991, 14 (5): 58 -79.

[195] Nahata. R. Venture Capital Reputation and Investment Performance [J]. Journal of Financial Economics, 2008, 90 (2): 127 -151.

[196] Niu, W. Corporate Financing under Heterogeneous Beliefs [J]. Annals of Financial Economics, 2017, 12 (4): 1 -12.

[197] Peng, W. Q., K. C. J. Wei and Z. Yang. Tunneling or Propping: Evidence from Connected Transactions in China [J]. Journal of Corporate Finance, 2011, 17 (2): 306 -325.

[198] Portes, R., H. Rey. The Determinants of Cross Border Equity Flows [J]. Journal of International Economics, 2005, 65 (2): 269 -296.

[199] Purnanandam, A. K. and B. Swaminathan. Are IPOs really underpriced? [J]. Review of Financial Studies, 2004, 17 (3): 811 -848.

[200] Puri, M. and R. Zarutskie. On the Life Cycle Dynamics of Venture - Capital - and Non - Venture - Capital - Financed Firms [J]. Journal of Finance, 2012, 67 (6): 2247 -2293.

[201] Que, J. J. and X. Y. Zhang. The Role of Foreign and Domestic Venture Capital in Innovation: Evidence from China [J]. Accounting and Finance, 2018 (9): 1 -34.

[202] Reuer, J. J., T. W. Tong and C. W. Wu. A Signaling Theory of Acquisition Premiums: Evidence from IPO Targets [J]. Academy of

Management Journal, 2012, 55 (3): 667 – 683.

[203] Rhodes, T., M. Campbell, A. S. Large, et al. Syndicated Lending: Practice and Documentation [M]. Euromoney Books, 2004.

[204] Ritter, J. R. and D. Zhang. Affiliated Mutual Funds and the Allocation of Initial Public Offerings [J]. Journal of Financial Economics, 2007, 86 (2): 337 – 368.

[205] Roll, R. The Hubris Hypothesis of Corporate Takeovers [J]. Journal of Business, 1986, 59 (59): 197 – 216.

[206] Schmidt, B. Costs and Benefits of "Friendly" Boards During Mergers and Acquisitions [J]. Bergen Meetings Paper, 2009: 1 – 50.

[207] Schonlau, R. and P. V. Singh. Board Networks and Merger Performance [R]. Tepper School of Business, 2009: 1 – 62.

[208] Silber, W. L. Discounts on Restricted Stock: The Impact of Illiquidity on Stock Prices [J]. Financial Analysts Journal, 1991 (47): 60 – 64

[209] Skaife, H. A. and D. D. Wangerin. Target Financial Reporting Quality and M&A Deals that Go Bust [J]. Contemporary Accounting Research, 2013, 30 (2): 719 – 749.

[210] Skaife, H. A., D. Veenman and D. Wangerin. Internal Control Over Financial Reporting and Managerial Rent Extraction: Evidence from the Profitability of Insider Trading [J]. Journal of Accounting & Economics, 2013, 55 (1): 91 – 110.

[211] Sørensen, O. and T. E. Stuart. Syndication Networks and the Spatial Distribution of Venture Cpital Financing [J]. American Journal of Sociology, 1999, 106 (6): 1546 – 1588.

[212] Sørensen, M. How Smart is Smart Money? A Two - sided Matching Model of Venture Capital [J]. Journal of Finance, 2007, 62 (6): 2725 - 2762.

[213] Tian, X. The Role of Venture Capital Syndication in Value Creation for Entrepreneurial Firms [J]. Review of Finance, 2012, 16 (1): 245 - 283.

[214] Tirole, J., Hierarchies and Bureaucracies: On the Role of Collusion in Organization [J]. Journal of Law Economics & Organization, 1986, 2 (2): 181 - 214.

[215] Tykvova, T. and U. Walz. Are IPOs of Different VCs Different? [R]. Zew Discussion Papers, 2004.

[216] Vafaï, K. Preventing Abuse of Authority in Hierarchies [J]. International Journal of Industrial Organization, 2002, 20 (8): 1143 - 1166.

[217] Wang, Y., F. Xu and A. Hu. Impact of Heterogeneous Beliefs and Short Sale Constraints on Security Issuance Decisions [J]. Economic Modelling, 2013, 30 (1): 539 - 545.

[218] Warner, J. B. Chapter 1 - Econometrics of Event Studies Handbook of Empirical Corporate Finance SET [J]. Elsevier B. V, 2007.

[219] Weston, J. F., K. S. Chung and S. Hoag. Mergers, Restructuring, and Corporate Control [J]. Journal of Finance, 1990, 45 (5).

[220] Weston, J. F., M. L. Mitchell and J. H. Mulherin. Takeovers Restructuring and Corporate Governance [M]. Pearson Prentice - Hall, Upper Saddle River, New Jersey, 2004.

[221] Wong C. Venture Capitalists Under - perform in HK IPO Market [R]. Working Paper, City University of Hong Kong, 2004.

[222] Wruck, K. H. Equity Ownership Concentration and Firm Value: Evidence from Private Equity Financings [J]. Journal of Financial Economics, 1989 (23): 3 – 28.

[223] Wruck, K. H and Y. L. Wu. Relationships, Corporate Governance, and Performance: Evidence from Private Placements of Common Stock [J]. SSRN Electronic Journal, 2009, 15 (1): 30 – 47.

[224] Wright, M. and A. Lockett. The Structure and Management of Alliances: Syndication in the Venture Capital Industry [J]. Journal of Management Studies, 2003, 40 (8): 2073 – 2102.

[225] Yeh, Y. H., P. G. Shu and R. J. Guo. Ownership Structure and IPO Valuation—Evidence from Taiwan [J]. Financial Management, 2008, 37 (1): 141 – 161.

[226] Zhao, Y. F., X. P. Xia, X. X. Tang, W. Cao, X. Y. Liu and Y. H. Fan. Private Placements, Cash Dividends and Interests Transfer: Empirical Evidence from Chinese Listed Firms [J]. International Review of Economics and Finance, 2015, 36 (3): 107 – 118.